Das Schrebergarten-Buch

An den Spaten – fertig – los!

MARTIN RIST
ANGELIKA FEINER

Inhalt

Kleingärten – eine starke Gemeinschaft ... 6

Der Verein und seine Mitglieder ... 8
Recht gehabt ... 14
Miteinander leben – Integration im Kleingarten ... 20

Reportage: Echte Kleingärtner ... 22

Der Kleingarten als Nutzgarten ... 24

Gartenpläne für Nutzgärten ... 26

Gestaltungsideen:
Mit Wasser versorgt ... 30
Wege und Terrassen selbst gebaut ... 32

Praxis:
Startklar! Der Boden und seine Pflege ... 36
Das Gold des Kleingärtners – Kompost ... 38
Gemüse anbauen mit Klasse statt Masse ... 40
Obstbäume für kleine Gärten ... 46
Einfach beerig unser Beerenobst ... 50
In Hülle und Fülle – Gemüse verwerten ... 52
Laube & Co.: Die Laube im Nutzgarten ... 54

Reportage: Echte Kleingärtner ... 58

Der Kleingarten als Ökogarten ... 60

Gartenpläne für Ökogärten ... 62

Gestaltungsideen:
Die Trockenmauer – ein Refugium ... 68
Der Gartenteich – überall beliebt ... 70
Naturnahe Wege und Materialien ... 72

Praxis:
In die Höhe gebaut – Hochbeete
und Hügelbeete ... 76
Gut geschützt auf natürliche Art ... 78
Wildobst und seltene Obstarten ... 84
Kräuter – auf die Würze kommt es an ... 86
Ganz wild – Unkräuter,
Beikräuter und Wildkräuter ... 90
Blumig gebettet – traumhafte Blumenwiese ... 92
Laube & Co.: Ökologische Lauben ... 94

Reportage: Echte Kleingärtner ... 96

Der Kleingarten als Kreativgarten ... 98

Gartenpläne für kreative Gärten ... 100

Gestaltungsideen:
Mit schöpferischer Hand ... 106
Der Gartenzwerg ... 110
Die dritte Dimension – Klettergehölze
und Pergola ... 112

Praxis:
Ziergehölze im Garten ... 116
Rosige Zeiten ... 118
Dauerhafte Schönheit – die Welt der Stauden ... 122
Blütenorgien mit Sommerblumen ... 126
Sattes Grün – der Rasen ... 128
Laube & Co.: Kreative Gartenlauben ... 130

Reportage: Echte Kleingärtner ... 134

Stichwortverzeichnis ... 136
Adressen, die Ihnen weiterhelfen ... 140
Die Autoren, Impressum ... 143

Kleingärten – eine starke Gemeinschaft

Der Verein und seine Mitglieder	8
Recht gehabt	14
Miteinander leben – Integration im Kleingarten	20
Echte Kleingärtner	22

Der Verein und seine Mitglieder

Ein Kleingarten bietet in Zeiten des Egoismus und der Vereinzelung ein wertvolles Stück soziale Geborgenheit. Und jeder Kleingärtner ist in seinem Verein automatisch auch Teil der großen Solidargemeinschaft der über vier Millionen Kleingärtner, die in Deutschland organisiert sind.

Der soziale Aspekt ist der Gründungsgedanke des Kleingartenwesens. Eine Kernidee der Bewegung ist, dass jeder, der ein Stück Garten in der Stadt bewirtschaften und zur Erholung nutzen möchte, dies in einer Kleingartenanlage auch tun kann: egal, woher er kommt, was er tut und wie viel Geld er zur Verfügung hat. Die Formel »Garten x Soziales« macht dabei den entscheidenden Unterschied zu einem Privatgarten. Im privaten Hausgarten kann man sich vollständig zurückziehen und jeglichen Kontakt mit anderen Menschen vermeiden. In einem Kleingarten ist dies nicht möglich: Man ist sich bei der Ausübung seines Hobbys nahe, kommt mit vielen Menschen in Kontakt. Selbst wenn man sich in seinem Garten in eine nicht einsehbare Ecke zurückzieht – beim Kommen oder Gehen wird man spätestens andere Kleingärtner aus der Anlage treffen. Ein Kleingarten ohne Gemeinschaft: das geht gar nicht.

Zahlen und Fakten: Die Bedeutung und Attraktivität des Kleingartenwesens ist ungebrochen. In Deutschland gibt es rund eine Million Kleingärten, die jeweils von durchschnittlich 4,5 Personen genutzt werden. Damit profitieren insgesamt rund 4,5 Mio. Menschen von den kleinen Gärten. Staat, Länder und Kommunen sind sich dieser Bedeutung bewusst: Das Kleingartenwesen genießt einen starken Rückhalt in der Politik. In über 90 % aller Kommunen ist das Kleingartenwesen ein wichtiges Handlungsfeld der Verwaltung, die Organisationen der Kleingärtner werden in die Entscheidungsfindung mit eingebunden.

- Kleingärten sind (wieder) begehrt. Insbesondere in den Großstädten und in Regionen mit vitaler Wirtschaft übersteigt die Nachfrage nach wie vor das Angebot. 60 % aller Vereine führen Wartelisten.
- Wer einen Kleingarten bekommen hat, so die Erfahrung, gibt ihn nur ungern wieder her: Ein Kleingarten ist nicht nur ein kurzzeitiges Hobby, sondern (meist) ein Lebensprojekt für den Pächter und seine Angehörigen. Durchschnittlich werden die deutschen Kleingärten seit 19 Jahren von ein und demselben Pächter bewirtschaftet. Jeder fünfte Pächter tut dies bereits seit mehr als 30 Jahren.

Ob in Hamburg, Berlin oder München, ob in großen oder in kleinen Städten – Kleingartenanlagen erfüllen wichtige städtebauliche, ökologische und soziale Funktionen.

Der Verein und seine Mitglieder

Bunt gemischt

Die Kleingartenanlage ist dabei ein gesellschaftlicher Mikrokosmos, in dem viele soziale, ethnische, nationale und religiöse Gruppierungen, jede Altersgruppe und jede Art von Familie – ob alleinerziehend, traditionell oder im Patchworkstil – ihren Platz finden können. Die Bandbreite von Lebensmodellen und sozialen Milieus in unseren Anlagen ist heute so vielfältig wie nie zuvor.

Zur Demographie: Kleingärten sind – nach wie vor – ein Projekt für alle Generationen. 45 % aller Neuverpachtungen gingen in den vergangenen fünf Jahren an Familien mit Kindern, der Anteil der unter 45-Jährigen liegt bei rund 35 %. Diese Entwicklung ist relativ neu und eine Folge der gestiegenen Attraktivität des Gartenthemas in Deutschland. Sie verlangsamt den Alterungsprozess im Kleingartenwesen insgesamt wesentlich. 17 % Anteil der Kleingärtner in den alten Bundesländern haben Migrationshintergrund. Diese Zahlen werden weiter steigen. Unter den neuen Verpachtungen der letzten fünf Jahre liegt der Anteil der Migranten bereits bei über 20 %. Positiv: Vor allem auch sie tragen wesentlich zur Verjüngung der Vereine bei.

Die soziale Dimension

Die Möglichkeiten gemeinsamer sozialer Aktivitäten sind vielfältig: von »Pflichtaufgaben«, wie der Gemeinschaftsarbeit oder der Mitwirkung in den Vereinsgremien, über vereinsinterne Aktionen wie Feste, Feiern oder Lehrfahrten bis hin zur gemeinsamen Freizeitgestaltung in Form von Ausflügen. Das Vereinsleben funktioniert im Großen und Ganzen: 80 % der Pächter übernehmen Aufgaben für die Gemeinschaft. 20 % engagieren sich darüber hinaus ehrenamtlich. Die Vorstandsmitglieder investieren dabei im Schnitt erstaunliche 240 Stunden im Jahr in die Vereinsführung.

Unterschätzen sollte man auch nicht die Möglichkeit, in der Anlage oder im Verein Menschen mit ähnlich gelagerten Interessen kennenzulernen, aus denen sich neue Bekanntschaften oder sogar Freundschaften entwickeln können. Gerade für Singles und ältere Menschen ist eine Kleingartenanlage der ideale Ort, um nicht den Kontakt zur Außenwelt zu verlieren, sondern neuen Anknüpfungspunkte und Aufgaben zu entdecken.

Der Trend setzt sich fort: Immer mehr junge Familien mit Kindern bewerben sich um Kleingärten. Auch in der Stadt können die Kleinen Natur erleben.

Wo viele Menschen zusammen sind, kracht es gelegentlich. Aber: Kleingärten sind Orte des harmonischen Miteinanders. Früher oder später werden die Spannungen beseitigt, sei es durch die Gemeinschaft aller Kleingärtner, sei es durch die Intervention des Vereinsvorstandes. Dann können sich alle Pächter auf das konzentrieren, worum es in der Kleingartenanlage geht: um die Freude am Garten und am Gärtnern in der Gemeinschaft Gleichgesinnter!

Wie hoch sind die Kosten? Kleingärten sind (noch) bezahlbar für alle. Die Bewirtschaftung eines Kleingartens kostet in Deutschland durchschnittlich 412 Euro im Jahr.

Zahlen entnommen aus der Studie »Städtebauliche, ökologische und soziale Bedeutung des Kleingartenwesens«, Hrsg. Bundesministerium für Verkehr, Straßenbau und Stadtentwicklung Heft 133, Bonn 2008

Kleingärten – eine starke Gemeinschaft

In einer Kleingartenanlage gärtnert man nicht allein. Ob bei organisierten Festen, im Vereinsheim, auf dem Weg zur Parzelle oder einfach beim Plausch am Gartenzaun – die Hobbygärtner tauschen gern Tipps und Tricks aus oder helfen sich gegenseitig.

Gemeinsam feiern

Einen Kleingarten zu pachten und Mitglied in einem Kleingartenverein oder -verband zu sein bedeutet auch, sich an gemeinschaftlichen Aktionen zu beteiligen. Zwar sind Pflege und Instandhaltung der gemeinschaftlichen Anlagen ein wichtiger Bestandteil gemeinsamen Wirkens – aber es geht vielfach weit darüber hinaus. Sich wohlfühlen, das wünschen wir uns im Kleingarten. Wir können zwar in unserer kleinen Gartenparzelle ein Stück Natur mit den eigenen Händen gestalten und uns schon glücklich fühlen, wenn wir uns im Schatten eines Baumes erholen und in den Tag träumen, uns entspannen. Dennoch – zum Sich-Wohlfühlen gehört noch mehr dazu. Unsere Familie, die Freunde und Bekannten und im Kleingarten eben unsere Gartennachbarn, die

Vorstandschaft und alle, die dem Verein verbunden sind. Es wird gegrüßt, geplaudert und gefachsimpelt – und das oft bereits auf dem Weg zum Kleingarten. Bei einem Gespräch am Gartenzaun werden Neuigkeiten ausgetauscht und Freundschaften geknüpft. Manche Vereine bieten in den Wintermonaten regelmäßige Schafkopfnachmittage an und die Gaststuben und Vereinsheime sind an diesen Tagen gut gefüllt. Hingegen treffen sich Kleingärtnerinnen zum Kaffeeplausch, eine willkommene Gelegenheit, neben neuen Kuchen gleich passende Rezepte auszutauschen. Zeit miteinander zu verbringen wird in Kleingartenanlagen in jedem Fall großgeschrieben.

Treffpunkt Vereinshaus und Feste

Das Vereinshaus, das es in den meisten der Vereine gibt, ist ein wichtiger Anlaufpunkt für die Mitglieder und ein Ort der Begegnung. Ohne ein Vereinsheim sind viele Aktivitäten nicht möglich. Neben der Geselligkeit – die meisten Häuser haben einen Ausschank – werden dort vielerorts Mitglieder beraten und informiert. In vielen Vereinsheimen finden deshalb in den Wintermonaten regelmäßig Schulungsveranstaltungen zu gärtnerischen Themen wie Obstanbau, umweltgerechter Pflanzenschutz oder Düngung im Kleingarten statt. Manchmal reicht das Vereinsheim nicht mehr aus, ein Zelt wird zusätzlich benötigt. So führen mehr als 80 % aller Vereine ein Sommerfest durch, zu dem Mitglieder und Freunde eingeladen werden. Hier wird gefeiert und getanzt und für die Kleinen – Kinder von Pächtern oder Enkelkinder – gibt es viele Spiele im Freien und Malgelegenheiten; in manchen Vereinen wird sogar Ponyreiten angeboten. In den Großstädten führen inzwischen viele Vereine zusätzlich ein Kinderfest durch – zum einen wegen eines hohen Kinderanteils in den Haushalten, zum anderen, genau entgegengesetzt, weil zu wenig Kinder in der Anlage ihre Zeit verbringen. Traditionell wird in vielen Vereinen das Erntedankfest gefeiert und manche Vereine geben an diesem Tag ein Zuviel an Obst und Gemüse an soziale Einrichtungen ab. Man trifft sich zu Faschingsfeiern, bei Grillabenden, zum Ostereiersuchen und vielem anderen! Geselligkeit wird großgeschrieben – in kleineren Städten mehr als in größeren. Während die Beteiligung an Gemeinschaftsarbeiten zur Erhaltung und Pflege der Anlage für 80 % der Kleingärtner zutrifft, werden

Der Verein und seine Mitglieder

andere gemeinschaftlichen Aktivitäten wie Feste und Feiern von 65 % der Kleingärtner besucht.

Ein neuer Trend ist zudem zu verzeichnen: Zu den Festen und Feierlichkeiten werden nicht nur Mitglieder, sondern auch die unmittelbare Nachbarschaft eingeladen. Es werden Partnerschaften mit sozialen Einrichtungen wie Kindertagesstätten, Schulen und Senioreneinrichtungen eingegangen und neue interessante Aktionen locken. Mit der Beteiligung am »Tag des Gartens« zeigen sich viele Kleingartenanlagen einer großen Öffentlichkeit und stellen den Sinn und Zweck einer Kleingartenanlage dar. Der traditionelle Aktionstag wird bundesweit von der »Aktionsgemeinschaft zum Tag des Gartens des Bundesverbandes Deutscher Gartenfreunde e. V.« festgelegt und findet in allen Bundesländern gleichzeitig statt. Meist findet der »Tag des Gartens« am zweiten Sonntag im Juni statt und steht unter einem gemeinsamen, bundesweiten Motto mit einer Auftaktveranstaltung in einer Kleingartenanlage. Manche Vereine nutzen diese Gelegenheit für eine Ausflugsfahrt, um die Auftaktveranstaltung zu besuchen, für andere führt die Reise an ein anderes Ziel. Eines steht aber fest: Eine gemeinsame Ausflugsfahrt ist ein Highlight im Vereinsleben. Beispielsweise werden interessante Gartenbetriebe, Landes- oder Bundesgartenschauen, Lehr- und Versuchsbetriebe oder andere Kleingartenanlagen besucht. Neben dem gemeinsamen Erleben sieht man Neues und erhält Anregungen für den eigenen Kleingarten.

Das gemeinsame Tun, die Freude am Garten und an der Gartenarbeit und das gemeinsame Feiern – die Kleingartenvereine gestalten ein buntes Leben in ihren Anlagen! Sie verbinden Jung und Alt, schaffen Kommunikation zwischen den Kulturen und Nationen, zwischen Reich und Arm und tragen aktiv einen bedeutenden Teil zum sozialen Leben in unseren Städten und Kommunen bei! Das alles, damit wir uns dort, wo wir leben, »wohlfühlen«!

Gut organisiert
Der Bundesverband Deutscher Gartenfreunde hat seinen Sitz in Berlin. Dazu gehören 20 Landesverbände (→ siehe Adressen Seite 140) mit ca. 15.000 Kleingartenvereinen.

Die Vereinsheime und Vereinsgaststätten der Kleingartenanlagen sind Orte der Begegnung. Hier treffen sich die Hobbygärtner und genießen die Geselligkeit.

Das Feiern wird großgeschrieben und bringt Jung und Alt zusammen. Anlässe finden sich viele, z. B. ein Sommerfest, Erntedank oder der »Tag des Gartens«.

Ein stabil gewachsener Obstbaum kann mehrere Funktionen erfüllen: Er sorgt nicht nur für leckeren Erntegenuss, sondern eignet sich auch als Spielgerät für Kinder.

Kinder, Kinder!

Kaum ein Ort in der Stadt bietet eine bessere Gelegenheit zum ungestörten und ungefährdeten Spielen und damit zur gesunden Entwicklung eines Kindes wie der geschützte Raum eines Kleingartens bzw. einer Kleingartenanlage. Das ist nicht verwunderlich – schließlich wurden Schrebergärten ursprünglich für Kinder und nicht für Kleingärtner errichtet. Der erste von Ernst Hausschild 1864 in Leipzig gegründete Schreberverein sollte die Ideen des Mediziners Moritz Schreber in die Praxis umsetzen und Kindern einen Ort bieten, an dem sie den beengten Wohnverhältnissen und der schlechten Stadtluft des beginnenden Industriezeitalters entgehen konnten. Heute sind zwar die Wohnungen größer, die Stadtluft ist gesünder, aber dafür gehören die Straßen den Autos, die Rasenflächen den Hunden und aus den Innenhöfen der Geschosswohnungsbauten werden spielende Kinder meist vom Hausmeister vertrieben.

Geschützten Spiel- und Aufenthaltsraum: Spielplatz ist für Kinder im Garten überall: hinter der Laube, auf einem Baum oder im Gebüsch. Platz zum Spielen bietet eine große Wiese genauso wie ein ordentlich eingefasster Sandkasten oder standardisierte Spielgeräte wie Rutsche, Klettergerüst und Schaukel. Leider sind die Voraussetzungen für diese Vielfalt in unseren Städten nur noch an wenigen Orten gegeben. Zu diesen wenigen Orten zählen unsere Kleingartenanlagen; hier ist der erforderliche Raum in geschützter Lage vorhanden. Die Kinder können auf den Anlagenwegen mit ihrem Roller ungefährdet vom Straßenverkehr herumsausen, nach Herzenslust auf der Gemeinschaftswiese toben oder den Spielplatz der Anlage zusammen mit den anderen Kindern unsicher machen.

Naturerleben und Naturerziehung: Natur erleben mitten in der Stadt – wo wäre das besser möglich als in einer der Kleingartenanlagen? Da ist immer etwas los: Man kann Käfer, Bienen und Schmetterlinge beobachten, Sonne, Wind und Regen erleben, Wärme und Kälte am eigenen Leib erfahren. Alles verändert sich ständig im Wechsel der Jahreszeiten: Etwas treibt aus, wächst, gedeiht, blüht, fruchtet, verfärbt sich, stirbt ab, treibt wieder aus … ein Spiegelbild für den ewigen Kreislauf des Lebens.

Schulung der Sinne: Kinder erleben in ihrer kindlichen Neugier ihre Umgebung intensiv mit allen Sinnen – mit Riechen,

Der Verein und seine Mitglieder

Schmecken, Fühlen, Sehen, Hören. Schon den Kleinsten macht es Spaß, die unterschiedlichen Düfte der Pflanzen oder den Geruch von frisch gemähtem Gras wahrzunehmen, an einem reifen Apfel zu riechen, von den Beeren zu naschen oder mit wohligem Schaudern eine glitschige Schnecke zu berühren.

Gärtnern im Kinderbeet: Kinder wollen natürlich auch selbst etwas anpflanzen, nicht nur den Erwachsenen dabei zuschauen. Deshalb brauchen sie ein eigenes Gartenbeet, in dem sie nach Lust und Laune graben, säen, pflanzen, gießen und ernten können. Viel Hilfe ist nicht notwendig, der Ehrgeiz kommt meist von selbst.

Entfaltung der Kreativität: Kinder brauchen zum Kreativsein nur wenig: Kein noch so perfektes Spielzeug ersetzt die Erfahrungen, die sie im Umgang mit natürlichen Materialien, mit Holz, Pflanzen, Wasser und Erde sammeln. Spannend ist z. B. das Anlegen eines Totholzhaufens, in dem bald Igel und Eidechsen Unterschlupf finden. Selbst gebaute Vogelnistkästen oder Insektenhotels sind besser als jedes Computerspiel. Und aus den verfärbten Herbstblättern, aus Zweigen und Ästen, Steinen oder getrockneten Früchten können die verrücktesten Dinge gebastelt werden.

Gemeinschaftserlebnis im Verein: Kinder sind aber nicht nur in den natürlichen Rhythmus des Kleingartens eingebunden, sondern auch in das soziale Leben der Kleingärtnergemeinschaft, in den Verein. Da ist immer was los: Es gibt ein Ferienprogramm mit Wanderungen oder Zelten, Mal- und Bastelwettbewerbe, Schnitzeljagden rund um die Gärten, gemeinsames Singen, Tanzen oder Theaterspielen in der Kindergruppe, Kinderfasching oder – in der verschärften Version – eine Halloween-Party. Wenn es kälter wird, finden vielleicht ein Laternenumzug oder ein Adventssingen und Weihnachtsfest statt. Es gibt sogar eine eigene Kinder- und Jugendorganisation im Kleingartenwesen, nämlich die »Deutsche Schreberjugend«. Fragen Sie in Ihrem Verein oder beim Landesverband nach!

Kooperationen mit Kindergärten und Schulen: Nicht nur für die Kinder der Pächter und Vereinsmitglieder sind Kleingartenanlagen ein idealer Lern- und Aufenthaltsort, auch für externe Kinder. Deshalb gibt es eine Vielzahl von Kooperationsmöglichkeiten, z. B.:

- Schulgärten und Kleingärten für Kindergärten, die in der Anlage integriert werden,

Früh übt sich: Auch den Kleinsten macht das Gärtnern schon Riesenspaß. Die Freude über das erste eigene Gemüse steigert garantiert die Lust auf mehr.

- Betreuung von Gärten an den Schulen durch die Fachberater des Vereins,
- Lehrgärten und Lehrpfade: Bio-Unterricht in der Anlage,
- Schulspeisung durch überschüssiges Obst und Gemüse aus der Anlage,
- Kindernachmittage und Schnuppertage für Externe und Neulinge.

Fazit: Kleingärten und Kinder gehören zusammen. Die Kinder benötigen dringend den geschützten Raum des Gartens zur Entwicklung. Und der Verein braucht die Kinder, sonst hat die Kleingartenanlage keine Zukunft!

Recht gehabt

Ob auf Bundesebene mit dem Bundesklein-gartengesetz oder regional mit der Garten-ordnung oder dem Pachtvertrag – ganz ohne ein paar rechtliche Bestimmungen geht es auch im Kleingarten nicht.

Fest verankert
Bereits seit dem Jahr 1983 schützt das Bundeskleingarten-gesetz unsere Kleingartenanlagen.

Fast 60 % der Deutschen wohnen in Mieterhaushalten*, das heißt in der Regel in Geschosswohnungsbauten ohne zuge-ordneten Garten. Gleichzeitig ist Fläche in den meisten Städ-ten knapp und teuer. Nimmt man beide Fakten zusammen, so folgt daraus, dass ein eigenes Stück Gartenland in Städten etwas Seltenes und Wertvolles ist, und wenn verfügbar, dann kostet es viel Geld. Die Aussichten für Gartenliebhaber sind so betrachtet eigentlich alles andere als gut. Gäbe es da nicht die Kleingärten! Solche Gärten in bauleitplanerisch und baurechtlich abgesicherten Dauerkleingartenanlagen sind in Deutschland durch ein Sondergesetz geschützt, das Bundes-kleingartengesetz. Dieses Gesetz garantiert, dass Gartenland auch für Menschen, die sich kein Eigenheim mit Garten leis-ten können, in Städten und Gemeinden erschwinglich ist. Dieser europaweit einmalige Schutz verdient es, genauer betrachtet zu werden.

Das Bundeskleingartengesetz

§ 5 Pacht: Als Pacht darf höchstens das 4-Fache der ortsüb-lichen Pacht im erwerbsmäßigen Obst- und Gemüsebau ver-langt werden. Da Pachtpreise für gewerbliches Gartenland – in Bezug zu anderen Flächennutzungen – relativ günstig sind, entstehen so bezahlbare Preise für einen Kleingarten. 250 bis 350 m^2 Pachtland sind im Schnitt in Deutschland zwischen 100 und 400 Euro pro Jahr zu haben**.

* Quelle: Statistisches Bundesamt 2008
** Quelle: Studie »Städte-bauliche, ökologische und soziale Bedeutung des Kleingartenwesens 2008«

§ 4 Kleingartenpachtverträge: Kleingartenpachtverträge gel-ten auf unbestimmte Dauer geschlossen. Unter normalen Umständen sind somit der Verein und der einzelne Pächter vor Bauspekulationen und der Willkür des Verpächters sicher.

§ 9 Kündigung: Die Kündigung ist in bauleitplanerisch (also durch Flächennutzungsplan und/oder Bebauungsplan) ge-sicherten Dauerkleingartenanlagen nur unter eng definierten Voraussetzungen und im Rahmen eines öffentlichen Ausle-gungsverfahrens möglich, üblicherweise aus Gründen des öffentlichen Interesses (z. B. Neubau einer notwendigen Straßenverbindung o. Ä.).

§ 11 Kündigungsentschädigung: Wird aus solchen Gründen gekündigt, hat der Pächter Anrecht auf eine Entschädigung für die von ihm eingebrachten oder gegen Entgelt übernomme-nen Anpflanzungen und Anlagen sowie für die Laube.

§ 14 Bereitstellung von Ersatzland: Muss eine ganze An-lage aus den unter § 9 genannten Gründen aufgelöst wer-den, so hat die Gemeinde geeignetes Ersatzland bereitzu-stellen oder zu beschaffen.

Fazit: Das Bundeskleingartengesetz stellt preiswertes und sicheres Gartenland für eine sehr große Gruppe der Bevölke-rung quer durch alle sozialen Schichten bereit. Dies ist ein Privileg, dessen sich die Kleingärtner bewusst sind und das es durch uns alle – den Verband, die Vereine und die Päch-ter – zu schützen gilt.

Das Recht im Verein

Ohne Vorschriften geht es auch im Kleingartenverein nicht – das ist nicht anders als im Arbeitsleben, beim Hausbauen oder im Straßenverkehr. Um das Vereinsleben und die Gartennutzung in geregelte Bahnen zu lenken, gibt es die folgenden drei Instrumente:
- die Satzung des Vereins,
- den Pachtvertrag zwischen Pächter und Verpächter,
- die Gartenordnung.

Die Vereinssatzung: Die Satzung ist – wenn man so will – das Grundgesetz des Vereins. Hier ist geregelt, wie der Verein funktioniert. Wichtige Bestimmungen sind z. B.:

- **Name und Sitz des Vereins:** Zweck und Aufgaben des Vereins werden geregelt. Der Verein sollte gemeinnützig sein. Ziele sollten die Förderung von der Allgemeinheit zugänglichen Kleingartenanlagen als Teil des öffentlichen Grüns sein sowie die Berücksichtigung der Belange des Umwelt- und des Naturschutzes bei der Nutzung und Bewirtschaftung des Gartens. Ebenfalls wird geregelt, wer Mitglied werden kann (in der Regel jeder Bürger einer Gemeinde, in der die Kleingartenanlage liegt), wann und wie die Mitgliedschaft endet.
- **Rechte und Pflichten der Mitglieder:** Rechte sind z. B. die Teilnahme an Wahlen oder die Nutzung der Einrichtungen und Serviceleistungen des Vereins. Pflichten sind z. B. das Einhalten von Pachtvertrag und Gartenordnung oder die Entrichtung von Beiträgen, Umlagen und Gebühren. Höhe und Art von Beiträgen, Umlagen und Gebühren werden hier ebenfalls geregelt.
- **Die Mitgliederversammlung:** Sie ist das oberste Entscheidungsgremium des Vereins als Versammlung aller Mitglieder. Sie beschließt Satzungsänderungen, Beitragserhöhungen oder wichtige Projekte des Vereins und hier wird der Vorstand entlastet und gewählt.
- **Der Vorstand:** Das sind in der Regel der 1. und 2. Vorsitzende, der Kassier (evtl. mit Vertreter), der Schriftführer (evtl. mit Vertreter) und – bei größeren Vereinen – ein oder mehrere Beisitzer (mit speziellen Aufgabengebieten). Aufgaben sind vor allem die Geschäftsführung und (juristische) Vertretung des Vereins sowie Beschlussfassungen im »täglichen Geschäft«.
- **Wahlen:** Grundsätzliches dazu ist hier enthalten, z. B. wer darf gewählt werden (jedes ordentliche Mitglied), für welche Dauer wird gewählt (meist drei bis vier Jahre) oder wie wird gewählt (offen oder geheim).

Zwischenpachtvertrag: Er regelt die Verpachtung des Gartens vom Verpächter (das ist meist die Gemeinde, oft aber auch Privatpersonen, Stiftungen oder die Kirche) an den Pächter (das sind Sie!). Oft ist der Verein als Zwischenverpächter eingeschaltet und übernimmt treuhänderisch die Aufgaben des Verpächters. Der Pachtvertrag regelt:

Eine historische Laube im Kleingarten – klein und mit einfachsten Mitteln gebaut. Heutzutage würde sich niemand mehr mit diesem Mindestmaß an Komfort zufrieden geben. Aber immer noch gilt: Eine Laube ist kein Luxusschloss.

- Pachtgegenstand: Ihr Garten!
- Pachtdauer: Kleingärten nach dem Bundeskleingartengesetz (→ siehe S. 14) werden auf unbegrenzte Dauer verpachtet.
- Kündigung durch den Pächter: Dem Pächter ist vonseiten des Verpächters nur bei groben Verstößen gegen die Vereinsvorschriften kündbar. Der Pächter kann zu einem definierten Zeitpunkt – meist einmal im Jahr – kündigen.
- Pachtzins: Fälligkeit und Höhe werden festgelegt. Der Pachtzins ist, je nach Bundesland und Wirtschaftskraft der Region, sehr unterschiedlich. Zwischen fünf Cent pro Quadratmeter im wirtschaftsschwachen ländlichen Raum und 50 Cent pro Quadratmeter in einer Großstadt ist alles möglich. Im Durchschnitt fallen pro Jahr in Deutschland inklusive aller Umlagen und Gebühren nach einer Studie des Bundesministeriums für Verkehr, Bau und Stadtentwicklung rund 400 Euro an.

Teiche sind ein wertvoller Lebensraum für viele Tiere und Pflanzen. Aber Vorsicht: Ein Teich kann für Kleinkinder eine Gefahrenquelle darstellen. Gehen Sie kein Risiko ein und achten Sie auf die geeignete Sicherung Ihres Teiches (→ siehe S. 19).

Gartenordnung: Sie legt fest, was Sie in Ihrem Garten machen dürfen und was nicht. Meist redet hier auch der Verpächter, das ist in der Regel das Bau- oder Grünflächenamt der Stadt, ein entscheidendes Wörtchen mit. Die Gartenordnung sollte immer fester Bestandteil des Pachtvertrages sein. Je nach Verein kann eine solche Gartenordnung sehr dünn oder aber sehr umfangreich sein, d. h., manche Vereine lassen sehr viel zu, manche schränken die Möglichkeiten stärker ein. Grundsätzlich ist es sinnvoll, die Gestaltungs- und Nutzungsmöglichkeiten im Garten zu kanalisieren, damit nicht jeder machen kann, was er will. Das kann man mit einer Bausatzung in einem Neubaugebiet vergleichen, die vorschreibt, wie die Gebäude zu errichten sind, damit ein einheitliches Bild entsteht. Gerade bei den meist öffentlichen Kleingartenanlagen spielt dies eine vergleichbar wichtige Rolle. Allerdings sollte man den Pächtern so viel Spielraum wie möglich lassen, damit sie sich nicht gegängelt fühlen, sondern ihre Kreativität ausleben können. Wie so oft im Leben sind hier das richtige Maß und das Gefühl für die Balance von entscheidender Bedeutung. Ein guter Vorstand weiß das und findet die richtige Linie. Wichtige Festsetzungen in der Gartenordnung sind beispielsweise:

Recht gehabt 17

- **Kleingärtnerische Nutzung:** Gemäß § 1 Bundeskleingartengesetz ist ein Kleingarten ein Garten, der dem Kleingärtner zur nicht erwerbsmäßigen gärtnerischen Nutzung, insbesondere zur Gewinnung von Gartenbauerzeugnissen für den Eigenbedarf und zur Erholung, dient. Beide Merkmale sind zur Begriffserfüllung der kleingärtnerischen Nutzung erforderlich. Die Gestaltung des Kleingartens muss diesen beiden Begriffsmerkmalen entsprechen. Zur nicht erwerbsmäßigen gärtnerischen Nutzung zählen in der Regel die Erzeugung von Obst und Gemüse, das Ziehen von fruchttragenden Ziergehölzen sowie Heil- und Gewürzpflanzen (Kräuter). Für den Anteil der nicht erwerbsmäßigen gärtnerischen Nutzung an der Gartenfläche gilt als Mindestmaß ein Drittel der Gartenfläche!
- **Pflege der Anlage und Gemeinschaftsarbeit:** Die Unterpächter sind für den ordnungsgemäßen Zustand der Kleingartenanlage verantwortlich. Sie haben vor allem dafür zu sorgen, dass die im Bereich der Kleingartenanlage gelegenen Wege, Plätze, Grünflächen oder Hecken in verkehrssicherem Zustand gehalten und gepflegt werden. Zur Erfüllung dieses Zieles organisiert der Verein die sogenannte Gemeinschaftsarbeit (meist einige Stunden im Jahr pro Pächter).
- **Gartenlaube:** Für das Errichten von Gartenlauben gelten in der Regel die maßgebenden Bestimmungen im Bebauungsplan. Sind von der zuständigen Verwaltungsbehörde sogenannte Typenpläne für Lauben vorgeschrieben, so müssen diese eingehalten werden. Das ständige Bewohnen der Gartenlauben ist nach dem Bundeskleingartengesetz nicht erlaubt. Übernachtungen sollten auf gelegentliche Aufenthalte beschränkt werden. Die Erweiterung oder Veränderung der Laube ist meist nur mit vorheriger schriftlicher Zustimmung des Verpächters gestattet. Der Anschluss der Laube an das Stromversorgungsnetz, an das Fernmeldenetz, an das Gasversorgungsnetz, an die Fernheizung und die Abwasserkanalisation ist nach dem Bundeskleingartengesetz nicht gestattet.
- **Sonstige bauliche Anlagen:** Hier geht es um die Zulässigkeit sowie Art und Größe von sogenannten baulichen Nebenanlagen. Das sind z.B. die Einfriedungen (Zäune), Pergolen, Sichtschutzwände, gemauerte Grills, Wasserbecken, Gewächshäuser oder Partyzelte. Es wird geregelt, ob sie ständig, zeitweise oder gar nicht zulässig sind. Hier gibt es von Verein zu Verein erhebliche Unterschiede. Informieren Sie sich deshalb am besten vorab.
- **Gehölze:** Die gesetzlichen Abstandsvorschriften für Pflanzungen nach dem Nachbarschaftsrecht sind bezüglich des Kleingartens meist so zu beachten, als wenn es ein selbstständiges Grundstück wäre. Das heißt z.B. für Bayern: Bäume und Sträucher bis zu einer Höhe von 2,0 m sind mindestens 0,5 m von der Grenze entfernt, Bäume

Im Verein wie in der Gartenanlage sollte es selbstverständlich sein, auf Ihren Gartennachbarn Rücksicht zu nehmen. Dies gilt auch beim Grillen und Feiern.

und Sträucher von mehr als 2,0 m Höhe mindestens 2,0 m von der Grenze entfernt zu pflanzen. Gehölze (Bäume und Sträucher), die im ausgewachsenen Zustand eine bestimmte Höhe erreichen (z. B. 4,0 m), dürfen wegen der Verschattung des Nachbargartens nicht gepflanzt werden (ausgenommen sind Obstgehölze). Die Pflanzung von Nadelgehölzen (Koniferen) ist oft eingeschränkt.

- **Pflanzenschutz und Düngung:** Der Pflanzenschutz richtet sich in vielen Anlagen bereits nach den Prinzipien des integrierten Pflanzenschutzes (→ siehe ab S. 78). Dies ist eine Kombination von Verfahren, bei denen unter vorrangiger Berücksichtigung biologischer, biotechnischer, pflanzenzüchterischer sowie anbau- und kulturtechnischer Maßnahmen die Anwendung chemischer Pflanzenschutzmittel auf das notwendige Maß beschränkt wird.
- **Tier- und Umweltschutz:** Während der Brutzeit der Vögel ist in den meisten Anlagen der Schnitt von Hecken und Sträuchern verboten.
- **Ruhe und Ordnung:** Auch des Deutschen liebstes Kind, die Ruhe (bzw. der Lärm), werden in der Gartenordnung reglementiert, meist auf der Grundlage einer entsprechenden kommunalen Satzung. Dies ist auch dringend nötig, denn sonst könnte jeder Tag und Nacht mit dem Motormäher seinen Rasen mähen und würde alle anderen Pächter dadurch erheblich stören.
- **Gartenübergabe und Pächterwechsel:** Im Falle der freiwilligen Aufgabe oder der Kündigung des Gartens durch den Pächter ist vom Pachtnachfolger, den der Vereinsvorstand anhand einer Interessentenliste festlegt, ein Ablösebetrag an den scheidenden Vorpächter zu entrichten. Das heißt: Ein großer Teil des Geldes, das man aufwenden muss, um den Garten zu erwerben, bekommt man zurück. Die Kosten für die Übernahme eines Gartens weichen je nach Bundesland und Wirtschaftskraft der Region erheblich voneinander ab. Zwischen 500 Euro im ländlichen Raum und 10.000 Euro in einer Großstadt ist alles möglich. Meist bewegt sich der Wert zwischen 1.500 Euro und 3.000 Euro. Erkundigen Sie sich beim Grünflächen- oder Bauamt Ihrer Stadt oder direkt beim Verein oder Stadtverband! Für die Ermittlung des Ablösebetrages gelten für beide Seiten meist verbindlich die Bewertungsrichtlinien des zuständigen Landesverbandes. So ist sichergestellt, dass es für alle Seiten fair zugeht.

Ein Ort der Begegnung stellt dieser Gemeinschaftsplatz mit Wasserstelle dar. Er liegt am Schnittpunkt von vier Gärten und wird von vier Parteien gemeinsam genutzt. Eingefasst ist der Platz von einer Trockenmauer (→ siehe S. 68). Vier Bänke laden zum Verweilen und Plauschen ein. Hier ist der Kontakt zu den Gartennachbarn schnell hergestellt!

Haftung für einen Gartenteich

Es obliegt dem Grundstückseigentümer eine Verkehrssicherungspflicht gegenüber Kindern im Vorschulalter. Jeder Grundstückseigentümer muss wirksame Schutzmaßnahmen ergreifen, um Kinder vor den Folgen ihrer Unerfahrenheit zu

Recht gehabt 19

Kleingärten sind für Kinder ideal – ein eigenes Spielhaus bietet zum Beispiel viel Platz für Abenteuer. Wer ein solches Baumhaus auf der eigenen Parzelle plant, sollte sich vorab informieren, ob dies im Rahmen der Gartenordnung zulässig ist und welche Vorgaben erfüllt sein müssen.

schützen. Dabei muss nicht jeder abstrakten Gefahr durch vorbeugende Maßnahmen begegnet werden; eine absolute Sicherheit kann und muss nicht gewährleistet werden. Der Eigentümer hat nur dann eine Verpflichtung, den besonderen Gefahren durch entsprechende Vorkehrungen zu begegnen, wenn er weiß oder wissen muss, dass Kinder sein Grundstück zum Spielen zu benutzen pflegen und damit konkrete Anhaltspunkte für eine Gefährdung bestehen. Im Regelfall muss er sich für die Sphäre seines Grundstückes – jedenfalls in Bezug auf Zierteiche – darauf verlassen können, dass Kleinkinder von den Aufsichtspflichtigen von einem Vordringen auf sein Grundstück abgehalten werden. Für eine Verkehrssicherung in den Kleingartenanlagen sprechen folgende Voraussetzungen:

- Die Anlage ist öffentlich zugänglich.
- Es bestehen keine Umzäunungen zwischen den Pachtgärten und zu den Gemeinschaftsflächen.
- In der Anlage selbst oder im Umfeld des betroffenen Grundstückes halten sich regelmäßig Kinder im Vorschulalter auf und es ist auch üblich und abzusehen, dass sie während des Spielens in die Pachtgärten eindringen.

Möchte man auf Nummer Sicher gehen, dann gibt es folgende Möglichkeiten, für einen kindersicheren Teich:

- Das Ufer rund um den Teich wird als Flachwasserzone mit einem Gefälle von 1:4 oder flacher angelegt; die Flachwasserzone selbst sollte dabei mindestens ein Meter, besser aber zwei Meter breit sein, bevor sie in die Tiefwasserzone übergeht. Die Tiefwasserzone selbst sollte eine Tiefe von 0,4 bis 0,5 m nicht überschreiten (→ siehe S. 71).
- Eine weiter gehende, relativ aufwendige Sicherung besteht darin, ca. 10–20 cm unter der Wasseroberfläche ein Eisengitter zu installieren. Da allerdings die Wasserpflanzen das Gitter nie vollständig überwachsen, wirkt es immer mehr oder weniger störend.
- Ganz vermieden werden sollte jegliche Art von Umzäunung des Gartenteiches. Eine solche Umzäunung wirkt im Zusammenhang mit einem Biotop, das ja einen kleinen Ausschnitt aus der freien, nicht reglementierten Natur darstellen soll, immer befremdlich. Egal, welches Material Sie verwenden würden, eine Umzäunung kann gestalterisch niemals befriedigend umgesetzt werden.

Miteinander leben – Integration im Kleingarten

Kleingärten sind typisch deutsch? Von ihrer Entstehungsgeschichte her stimmt das sicher, bezogen auf den Status quo aber keineswegs. Heute herrscht nicht nur bezüglich den Pflanzen und der Gestaltung, sondern auch bei den Menschen eine bunte Vielfalt in deutschen Kleingartenanlagen.

Mehr als 75.000 Migrantenfamilien haben in Deutschland einen Kleingarten gepachtet, d. h., Kleingärten erleichtern – bei statistischen 4,5 Nutzern pro Garten – mehr als 300.000 Migranten die Eingliederung in Deutschland! Bekanntester Migrant Deutschlands dürfte sicher Wladimir Kaminer sein, der in seinem Buch »Mein Leben als Kleingärtner« seine Erfahrungen als Neu-Kleingärtner humoristisch verarbeitet. Die Integration von Migranten in unsere Gesellschaft ist ein Dauerbrenner in der öffentlichen Diskussion. Ein Brennpunkt der Integration, an dem ganz konkret mit dem Thema umgegangen wird, sind unsere Kleingartenanlagen. Tatsache ist: Es gibt kaum eine gesellschaftliche Institution, die so viel für die praktische, unmittelbare Integration von Migranten tut, wie unsere Kleingartenvereine.

Die Integration von Migranten bietet eine Reihe von Chancen, zum einen für einen Kleingartenverein und zum anderen für jeden einzelnen Kleingärtner:

- Es gibt neue Impulse für den Gartenbau, sei es in Form neuer (oder alter, vergessener) Obst- und Gemüsesorten oder sei es durch andere Anbaumethoden und Kulturtechniken von zu Hause.
- Das Vereinslebens wird bereichert durch kulturelle Vielfalt, z. B. durch unbekannte Gerichte und Getränke oder durch eine andere Lebenseinstellung und Kultur.
- Die Verjüngung der Anlagen ist durch den meist niedrigen Altersdurchschnitt und viele Kinder gegeben.

Das Hobby Garten verbindet Menschen aller Nationen – in unseren Kleingartenvereinen sind über 80 Nationen vertreten und bereichern unsere Gartenkultur.

Definition und Fakten

Unter Migranten versteht man Einwanderer aus den ehemaligen Ostblockstaaten, die verstärkt seit dem Zusammenbruch des Kommunismus nach Deutschland kommen und deutsche Vorfahren haben. Sie sind berechtigt, die deutsche Staatsbürgerschaft zu erlangen bzw. haben diese bereits inne. Weiterhin zählen alle anderen, nicht-deutschen Kleingärtner dazu: Sie kommen zum Großteil aus den klassischen Gastarbeiter-Ländern Süd- und Südosteuropas, z. B. aus der Türkei, Italien, Spanien, Portugal, Ex-Jugoslawien und Griechenland. Darüber hinaus stammen auch viele aus den anderen EU-Mitgliedsstaaten wie England, Frankreich, Österreich etc. und schließlich – in Splittergruppen – aus allen Kontinenten dieser Erde.

Miteinander leben – Integration im Kleingarten

Mit einem Stück Land, Samen und Gartenpraxis von zu Hause schlagen Migranten im doppelten Sinn Wurzeln. Sie schaffen sich damit ein Stück neue Heimat.

Reich verzierte Holzskulpturen, die an Minarette erinnern, schmücken den Garten eines Migranten. Viele Neubürger bringen Traditionen aus ihrer Heimat mit, die das Bild unserer Gartenanlagen bereichern.

Zahlen und Fakten: Der Anteil der Migranten in den deutschen Anlagen liegt bei durchschnittlich 7,5 %, dabei in den ostdeutschen Bundesländern bei 2 %, in den westdeutschen Ländern bei 17 %. Dies liegt an der unterschiedlichen Migrationsgeschichte von BRD und der ehemaligen DDR. In einzelnen Anlagen steigt der Anteil auch auf über 30 oder 40 %. Vertreten sind mehr als 80 Nationen: Spitzenreiter sind die Russlanddeutschen sowie deutschstämmige Immigranten aus den anderen ehemaligen Ostblockländern. Die größte Gruppe der klassischen Gastarbeiter-Länder nehmen die Türken ein, gefolgt von den Italienern. Kleinere Gruppen bilden aber auch englischsprachige Migranten und Asiaten.

So klappt das Zusammenleben

Für die Integration ist nicht der Vorstand allein zuständig: Jeder einzelne Kleingärtner ist dabei gefragt, denn jeder kann etwas dafür tun, damit das Zusammenleben klappt.

Die folgenden Tipps sind eine Sammlung von Anregungen
- Wichtigster Punkt: Das Gespräch mit Neuankömmlingen suchen!
- Einbindung in die Vereinsaktivitäten, sei es die Gemeinschaftsarbeit, die Beteiligung an Festen, Veranstaltungen, Ausflügen oder Vergleichbarem.
- Nachbarschaftliche Hilfe: Die Neuankömmlinge sind doppelt verunsichert, zum einen sind sie neu oder fremd in Deutschland, zum anderen sind sie mit den Sitten und Gebräuchen in Kleingartenanlagen/-vereinen nicht vertraut. Mehr als die deutschen Neu-Kleingärtner benötigen sie deshalb Hilfe und Unterstützung, gerade auch in den alltäglichen Dingen des (Kleingärtner-)Lebens.
- Vorbild sein: Von den Neuankömmlingen die Einhaltung aller Vorschriften und Regeln des Vereins zu fordern und sich selbst nicht daran zu halten, führt zu Frustration auf der Gegenseite. Deshalb sollte man seinen Garten so pflegen, wie man es von den Migranten auch erwartet.

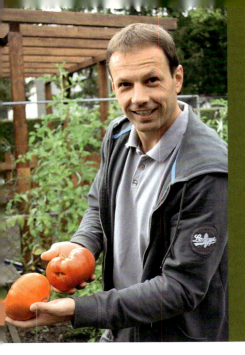

Helmut Törner freut sich über die selbst gezogenen Fleischtomaten. Seit sechs Jahren besitzt Familie Törner einen Kleingarten. Dabei standen von Anfang an sowohl der Anbau von Obst und Gemüse als auch die Möglichkeit für die Kinder zum Spielen im Vordergrund.

Echte Kleingärtner
Spaß für Alt und Jung

Der Kleingarten ist eine Spielwiese für Jung und Alt. Kinder können Natur erleben, auf dem Rasen spielen und Gemüse ernten und für die Älteren bietet der Kleingarten ein sinnvolles Betätigungsfeld und Möglichkeiten der Ruhe.

Nach einem Wohnungswechsel fiel Herrn und Frau Törner beim Spaziergehen mit dem Kinderwagen die nahe Kleingartenanlage auf und der Wunsch nach einen Stück Garten wurde groß. Zwei Jahre lang mussten sie warten, bis sie 2004 einen Kleingarten pachten konnten. Bis auf die kleine alte Steinlaube und einen alten Apfelhochstamm wurde der 200 m² große Kleingarten vollkommen umgestaltet: Zunächst legten sie eine Rasenfläche für die Kinder zum Spielen vor der Laube an. Gemüsebeete und Staudenbeete wurden neu geordnet und neue Obstbäume gepflanzt. Während der alte Apfelbaum der Sorte 'Jonagold' sehr empfindlich ist und bald zum Spielbaum der Kinder wurde, erntet die Familie Törner von der benachbarten Apfelspindel 'Regina' viele saftige Äpfel. »Diese Sorte ist widerstandsfähig gegen den Apfelschorf«, erklärt Herr Törner – als geprüfter Kleingartenfachberater weiß er über Sortenwahl und umweltgerechten Pflanzenschutz Bescheid. Robust und pflegeleicht erweisen sich die Johannisbeersträucher, von denen 20 kg Früchte geerntet wurden, und auch die schwachwüchsige Birnenquitte entwickelt sich im Kleingarten prächtig.

Im Gemüsegarten leuchten uns die bunten Stiele von Mangold entgegen, die Mischung 'Bright Lights' zeigt sich in kräftigen Farben. Die Möhren wurden bereits geerntet – ein großer Spaß – wie Bilder belegen. Erstmals hat Herr Törner die

Bei der Möhrenernte helfen alle mit. Das ist ein großer Spaß für die ganze Familie Törner! Und wer die größte Möhre findet, darf gleich beherzt zubeißen.

Baumtomate 'De Barao' angebaut: Sie soll unempfindlicher gegen die Kraut- und Braunfäule sein. Und in der Tat – sie ist trotz der regnerischen Witterung immer noch gesund, obwohl sie ohne Überdachung kultiviert wird. Daneben stehen, unter einem Tomatenhaus geschützt, Fleischtomaten zum Ernten bereit. Die Sorten 'Myrto' und 'Ochsenherz' sind dabei und ein paar unbekannte. Die Kinder kommen in den Garten und ernten einige der großen Fleischtomaten. Und dann geht es zum Apfelbaum, einem ihrer Lieblingsplätze zum Spielen – schon sind sie ganz oben. Eine kleine, heile Welt in der Stadt.

Ein Original dank Eigenbau

Das Alter sieht man Herrn und Frau Janzer nicht an – sie sind 80 und 78 Jahre alt! Mit dem Rad geht es zum Garten und dort wird immer noch fleißig gegärtnert. Seit 25 Jahren besitzen sie ihren Kleingarten und waren Gründungsmitglieder ihres Kleingartenvereines. Eine ehemalige Baumschule wurde in Gemeinschaftsarbeit gerodet. Alle halfen mit beim Verlegen der Wasserleitungen und der Innenzäune. Dann kam die eigene Parzelle. Herr Janzer, von Beruf Werkzeugmacher, erstellte zunächst in professionell ausgeführtem Eigenbau die Laube vom Fundament bis zum Dach! Die schöne Terrasse aus Natursteinen, die geschwungenen Wege und der Rosenbogen am Eingang folgten.

Das selbst erbaute Frühbeet mit über drei Meter Länge ist geräumig und in der Höhe variabel. Viele Jahre wurde es im zeitigen Frühjahr als Mistbeet genutzt. Familie Janzer nahm dazu bereits im Herbst ca. 50 cm tief den Boden aus dem Frühbeetkasten heraus. Im Februar wurde Pferdemist organisiert und in den Frühbeetkasten eingefüllt. Als Abschlussschicht folgte die beiseitegelegte Gartenerde und die ersten Salate und Kohlrabi-Pflanzen konnten gesetzt werden. Jetzt wachsen Paprika und Chilis im Frühbeet heran und viele rote Früchte lachen einem entgegen.

Daneben auf den Gemüsebeeten finden wir schwarze Winterrettiche, Porree, Bohnen, Gurken, Zucchini und Tomaten. Vor allem die schwarzen Winterrettiche sind bei Familie Janzer beliebt. Sie haben einen guten Geschmack, wachsen madenfrei und sind ein hervorragendes Wintergemüse. Von den Stangenbohnen werden sowohl die Hülsen geerntet als auch die reifen, trockenen Samen. Auch die Äpfel der Sorte 'Boskoop' sind für die Wintermonate gedacht. Zwei Apfelhalbstämme wechseln sich zur Freude von Herrn und Frau Janzer jährlich ab: Einmal trägt der eine viele Früchte, im nächsten Jahr der andere.

Seit 25 Jahren bewirtschaftet **Resi und Josef Janzer** ihren Kleingarten. Als Gründungsmitglieder halfen sie mit, auf der Fläche einer ehemaligen Baumschule eine Kleingartenanlage zu errichten. Eine Menge Arbeit, die geleistet wurde. Heute werden immer noch reichlich Obst und Gemüse angebaut und verwertet. Wer kann hier widersprechen? Ein Kleingarten hält jung und aktiv.

Der Kleingarten als Nutzgarten

Gartenpläne für Nutzgärten	26
Mit Wasser versorgt	30
Wege und Terrassen selbst gebaut	32
Startklar! Der Boden und seine Pflege	36
Das Gold des Kleingärtners – Kompost	38
Gemüse anbauen mit Klasse statt Masse	40
Obstbäume für kleine Gärten	46
Einfach beerig, unser Beerenobst	50
In Hülle und Fülle – Gemüse verwerten	52
Die Laube im Nutzgarten	54
Echte Kleingärtner	58

Der Kleingarten als Nutzgarten

N

Der Klassiker – Gärtnern ohne Kompromisse

Dieser Garten wurde so oder in ähnlicher Form in den 60er- und auch noch in den 70er-Jahren 100-fach in deutschen Kleingartenanlagen realisiert. Er ist zwischen 250 und 400 m² groß, in einem strengen Rechteck-Raster aufgebaut und geprägt von intensivem Obst- und Gemüsebau. Wer es mit dem Kleingarten als Selbstversorger-Garten ernst meint und auf eine zweckorientierte Gestaltung Wert legt, der sollte sich diesen Plan genauer anschauen.

Es gibt solche und solche Kleingärtner. Die einen legen eher Wert auf Erholung und ein ausgedehntes Rasenfeld, die anderen wollen arbeiten: säen, setzen, ziehen, ernten. Für letztere (und sie sind sich einig, dass sie die wahren Kleingärtner sind) ist dieser Garten ideal: Der Grundriss ist effektiv und schnörkellos, die Flächen, auf denen man nichts anbauen kann, sind auf ein Minimum reduziert. Ein gerader Weg aus praktischem Betonpflaster erschließt den Garten und weitet sich zum Vorplatz der Steinlaube. Laube und Kompostplatz bilden eine funktionale Einheit, zugeordnet sind Gewächshaus, Hoch- und Frühbeet sowie der Brunnen. Zufrieden legen Sie Ihr Werkzeug bereit: Hacke, Rechen, Spaten – hier lässt es sich gut schaffen. Durch schmale Kieswege erschlossen, liegen die gleich großen Gemüsebeete mit exakt 1,20 m Breite vor Ihnen. Sie haben bereits einen Anbauplan erstellt und sind gewillt, von April bis weit in den Dezember hinein, hier Gemüse anzubauen und zu ernten.

Mit Obst sind Sie reichlich versorgt: An der westlichen Gartengrenze die Spindelbüsche, am östlichen Rand die Beerensträucher (Johannis- und Stachelbeeren), hinter der Laube Himbeeren; dazu noch der Birnenhalbstamm am Kompostplatz und das Weinspalier an der Nordgrenze. Am Abend werden Ihnen der Rücken wehtun und die Hände brennen. Aber Sie werden mit dem guten Gefühl nach Hause gehen, etwas Sinnvolles gemacht zu haben. Sollen die anderen doch in der Sonne liegen. Sie wollen gärtnern!

1	BEERENSTRÄUCHER	→ siehe ab S. 50
2	HIMBEEREN	→ siehe ab S. 50
3	BIRNENHOCHSTAMM	
4	SPINDELOBST	→ siehe ab S. 46
5	RASEN	→ siehe ab S. 128
6	WEINSPALIER	
7	ZIERSTRÄUCHER	→ siehe ab S. 116
8	GEMÜSEBEETE	→ siehe ab S. 40
9	BOHNEN	→ siehe ab S. 43
10	STAUDEN	→ siehe ab S. 122
11	KRÄUTER	→ siehe ab S. 86
12	SOMMERBLUMEN	→ siehe ab S. 126
13	GARTENLAUBE	→ siehe ab S. 54
14	TERRASSE	→ siehe ab S. 35
15	BRUNNEN	→ siehe ab S. 30
16	HOCHBEETE	→ siehe ab S. 76
17	GEWÄCHSHAUS	
18	BETONPFLASTER	→ siehe ab S. 32
19	KIESWEGE	→ siehe ab S. 72
20	KOMPOST	→ siehe ab S. 38

Weitere verwandte Themen:

Anbauplanung (→ siehe ab S. 78), Gründüngung (→ siehe S. 37), Mistbeet (→ siehe S. 40), Lagerung von Gemüse (→ siehe S. 52).

28 Der Kleingarten als Nutzgarten

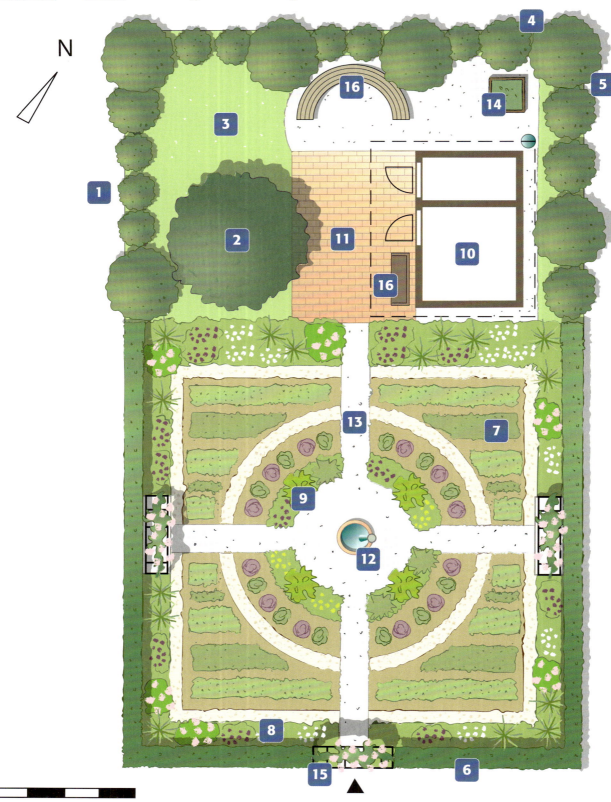

Bauerngarten-Idylle

Für die meisten Menschen ist ein Bauerngarten das Idealbild eines Nutzgartens. Dies liegt, neben dem romantischen Bild, das wir uns von einer ländlichen Gartennutzung machen, vor allem an der zeitlos schlichten, über Jahrhunderte perfektionierten Form und den Funktionen dieses Gartentyps. Auch ein Kleingarten lässt sich ohne Weiteres im Bauerngartenstil anlegen.

Sie haben sich wahrscheinlich auch schon bei einem Urlaub auf dem Land in den Bauerngarten verliebt! Vor alten Bauernhäusern sieht man noch oft diese perfekt gepflegten Nutzgärten mit dem historischen Ursprung: das Achskreuz der Kieswege, der kreisförmige Platz mit der Wasserschöpfstelle in der Mitte, die Buchshecke als Einfassung, der prächtig überwucherte Rosenbogen am Eingang, die symmetrischen Beete mit den vielfältigen Gemüsekulturen und natürlich vor allem – der Blütenzauber der klassischen, schönen Bauerngartenstauden.

Der vorliegende Garten weist eine Größe von 260 m² auf (20 x 13 m) und wurde so ähnlich auf der BUGA 2005 in München realisiert. Das Prinzip kann aber problemlos auf jede andere Gartengröße und -form übertragen werden. Zur Anlage Ihres Bauerngartens nutzen Sie der vorderen, annähernd quadratischen Teil Ihrer Gartenparzelle: Sie verschwenden dabei keinen Platz; jeder Quadratzentimeter wird effektiv genutzt. Der Mittelweg bildet die Hauptachse der Gartengestaltung: Er führt vom Eingang durch den Nutzgarten, schließt an die mit Granitkleinsteinen befestigte Terrasse

vor der Laube an und endet in einem idyllischen halbkreisförmigen Sitzplatz mit großzügiger Sitzbank.

Gehen Sie unter dem Rosenbogen hindurch! Lassen Sie die Hand durch das Wasser in der Brunnenschale gleiten und atmen Sie den Duft der blühenden Sommerstauden ein. Dann setzen Sie sich auf die Rundbank am Ende der Wegeachse: Eine als Halbstamm gezogene Zwetschge spendet Ihnen Schatten. Links von Ihnen wachsen üppig die Beerensträucher, rechts stehen Regentonne und Kompostbehälter.

Es wäre fast wie im Urlaub, wenn Sie nicht heute noch unbedingt gießen, jäten und den Salat ernten müssten. Aber das unterscheidet diesen Garten von Ihren Urlaubsträumen: Er gehört Ihnen und will gepflegt sein.

1	BEERENSTRÄUCHER	→ siehe ab S. 50
2	OBSTHALBSTAMM	→ siehe ab S. 46
3	RASEN	→ siehe ab S. 128
4	WILDOBST	→ siehe ab S. 84
5	STRAUCHROSEN	→ siehe ab S. 118
6	BUCHSEINFASSUNG	
7	GEMÜSEBEETE	→ siehe ab S. 40
8	STAUDEN	→ siehe ab S. 122
9	KRÄUTER	→ siehe ab S. 86
10	GARTENLAUBE	→ siehe ab S. 54
11	TERRASSE (Klinker)	→ siehe ab S. 35
12	BRUNNEN	→ siehe ab S. 30
13	KIESWEGE	→ siehe ab S. 72
14	KOMPOST	→ siehe ab S. 38
15	ROSENBOGEN	→ siehe ab S. 112
16	SITZBANK	→ siehe ab S. 106

Weitere verwandte Themen:

Ramblerrosen (→ siehe S. 119), Anbauplanung (→ siehe S. 78), wieder entdeckte Gemüsearten (→ siehe S. 44), Verwertung von Gemüse (→ siehe S. 52).

Schöne Bauerngartenstauden

Astern, Akelei (*Aquilegia*), Eisenhut (*Aconitum*), Eibisch (*Althea*), Glockenblume (*Campanula*), Taglilie (*Hemerocallis*), Lupinen (*Lupinus*), Pfingstrose (*Paeonia*), Phlox, Rittersporn (*Delphinium*), Schafgarbe (*Achillea*) oder Sonnenhut (*Rudbeckia*).

Der Kleingarten als Nutzgarten

Mit Wasser versorgt

Wasser ist kostbar und im Kleingarten ein wichtiges Element. Ohne geht's nicht – sonst machen Gemüse, Obst und Co. irgendwann schlapp und wachsen nicht ausreichend. Aber Wasser muss man dosiert einsetzen.

Kleingartenanlagen besitzen in der Regel einen Anschluss an das öffentliche Trinkwassernetz; interne Leitungen versorgen dabei die Einzelgärten oder Gartengruppen mit Gartenwasser. Ein Wasseranschluss in der Laube ist nach der derzeitigen Gesetzeslage nicht gestattet. Das Gartenwasser wird üblicherweise über eine mit einem Hahn versehene Standrohrleitung entnommen. Meist wird diese Standrohrleitung mit einem Wasser- oder Schöpfbecken kombiniert.
Die Ausbildung des Wasser- oder Schöpfbeckens sollte möglichst einfach sein. Am besten eignet sich ein schlichter Betonbehälter, z. B. als handelsüblicher Schachtring DN 800 mm oder 1000 mm, wie er im Kanalbau verwendet wird. Verkleidungen mit Fliesen, Platten, Keramikscherben oder Naturstein-Riemchen können den Schachtring aufwerten. Ein Becken aus Naturstein (z. B. aus Granit, Muschelkalk oder Sandstein) ist eine ästhetisch sehr reizvolle Lösung und fügt sich gut in jeden Garten ein.

Wasseruhr: Ein Wasseranschluss im Garten ist bequem und verführt natürlich schnell zu einem überhöhten Wasserverbrauch. Viele Anlagen verfügen nur über eine zentrale Wasserablesung. Der Gesamtverbrauch wird dann auf die Einzelgärten umgelegt. Eine solche Verfahrensweise bietet keinen Anreiz, Wasser zu sparen oder andere Möglichkeiten der Wasserversorgung zu nutzen. In einer modernen Kleingartenanlage sollte deshalb eine Ausstattung der Einzelparzellen mit einer eigenen Wasseruhr die Regel sein. In der Praxis hat sich gezeigt, dass dadurch der Wasserverbrauch gegenüber einer unkontrollierten Entnahme um bis zu 60 % abnehmen kann. Solche Wasseruhren sind inzwischen sehr preiswert zu erwerben (ab ca. 150 Euro) und können auch im Nachhinein gut an eine bestehende Leitung angeschlossen werden.

Gießtipps und -regeln

Pflanzen benötigen nur in der Wachstumszeit viel Wasser, sonst reichen die natürlichen Niederschläge oft aus.
- Ist der Boden bis etwa 25 cm tief feucht, muss nicht gegossen werden.
- Statt jeden Tag leicht zu gießen, sollten Sie besser alle drei bis fünf Tage durchdringend bewässern. Die beste Zeit zum Gießen ist der frühe Morgen oder der Abend.
- Ausgetrocknete Böden sollten vor dem Bewässern erst aufgelockert werden. Leichtes Hacken des Bodens nach dem Gießen verhindert die schnelle Wasserverdunstung.

Eine Tröpfchenbewässerung funktioniert punktgenau, sie ist damit sehr effektiv und passt sich an die individuellen Bedürfnisse Ihrer Pflanzen an.

Selbst ein einfacher Schachtring als Wasserbecken kann ganz verwunschen wirken im Gartenparadies.

Mit Wasser versorgt

Regentonnen und Wasserbehälter aus Holz wirken natürlich und lassen sich perfekt in jeden Garten integrieren.

mäßigen Verbrauch von Trinkwasser. Theoretisch kann man einen Schlauch über eine kleine Elektro-Pumpe inklusive Filter auch an die Regentonne oder die Zisterne anschließen; man sollte allerdings die Anfälligkeit eines solchen Systems berücksichtigen.

Tröpfchen-Bewässerungssysteme sind die modernste Methode, um Pflanzen zu bewässern (erhältlich im Fachhandel). Sie sind sparsam im Verbrauch, wässern punktgenau und individuell und es gibt nur wenig Verdunstung. Tropfsysteme bestehen aus einer Reihe von (elastischen) Schläuchen, die ineinandergesteckt werden, sowie aus Tropfkanülen und/oder Sprühdüsen, die bedarfsgemäß mit dem Schlauch verbunden werden. Diese Tropfsysteme werden entweder flach unter der Erdoberfläche vergraben oder oberflächlich in den Erdboden gesteckt. Schaltet man einen (meist im System vorhandenen) Computer vor, der Wassermenge und den Zeitpunkt regelt, geht es fast von allein.

■ Die Verdunstung sollte durch entsprechende Maßnahmen reduziert werden, z. B. Windschutz durch Hecken oder Baulichkeiten, leichte Beschattung (sofern möglich), Abdecken der Pflanzung mit Mulchmaterial. (→ siehe S. 36) Mit welcher Methode oder mit welchen Hilfsmitteln Sie wässern, können Sie entscheiden. Der Klassiker, die **Gießkanne**, ist ein an sich sehr umweltfreundliches und billiges Arbeitsmittel. Allerdings wird es bei einem intensiv kleingärtnerisch genutzten Garten im Sommer sehr mühsam, damit alle Pflanzen ausreichend zu bewässern.

Deutlich bequemer ist der **Gartenschlauch**, evtl. mit Aufsätzen wie Brausen. Er verführt allerdings auch zu einem über-

Wasser speichern

Regenwasser zu sammeln und zu speichern ist nicht nur ökologisch und sinnvoll, um Kosten zu sparen. Es hat noch den Vorteil, dass es »abgeschreckt« ist (schon aufgewärmt), weich und stickstoffhaltig.

	Regentonne	Zisterne	Teich
Beschreibung	Behälter aus Holz, Plastik oder Metall, der über einen Überlauf mit dem Regenfallrohr der Dachrinne verbunden ist	unterirdischer Behälter aus Betonringen, einem Betonfertigteil oder Kunststoff; das Wasser wird bei Bedarf mit einer (Hand-)Pumpe nach oben befördert	mit Folie, Ton oder einer Kunststoffschale abgedichtetes Kleingewässer
Vorteile	billig und leicht einzurichten; abgestandenes, warmes Wasser	hohe Speicherkapazität bei geringem Flächenbedarf; kein Verdunstungsverlust	große ökologische Bedeutung; ästhetische Bereicherung
Nachteile	geringes Fassungsvermögen; muss im Winter geleert werden	arbeitsaufwendig; eine Pumpe ist notwendig	arbeitsaufwendig; großer Flächenbedarf; im Sommer große Verdunstungsverluste

Wege und Terrassen selbst gebaut

Eine klassische, gerade Wegeführung wurde hier originell umgesetzt. Die großformatigen Steinplatten werden leicht versetzt verlegt – das hat mehr Spannung.

Wege und Terrassen gehören neben der Laube zur Grundausstattung eines Kleingartens. Sie bilden das Gerüst im Garten und verbinden die unterschiedlichen Bereiche wie Laube, Kompostplatz und Wasserstelle.

Dank ausgebauter Wege gelangen Sie »trockenen Fußes« bei jedem Wetter an die wichtigsten Punkte im Garten. Die meisten Gartenbesitzer wünschen sich zudem eine glatte, saubere Fläche im Freien, um Tisch und Stühle aufstellen zu können – eine Terrasse. Die Infrastruktur im Garten aus eigenen Kräften oder mithilfe von Freunden herzustellen ist keine große Kunst, wenn man über etwas handwerkliches Geschick verfügt und sich an die wichtigsten Regeln hält.

Planen und messen

Die Ideen zur Planung der Beläge sollten in einer möglichst maßstabgerechten Skizze festgehalten werden (ideal ist ein Maßstab 1:100, d. h., ein Zentimeter auf dem Papier entspricht einem Meter in der Realität; jedes handelsübliche Lineal kann verwendet werden). Gut geeignet zum Zeichnen ist Papier mit Linienraster.

Zur Umsetzung der festgehaltenen Gedanken im Garten benötigt man Eisenstäbe oder Holzpflöcke, mit denen man die Eckpunkte der späteren Wege- und Terrassenfläche abgrenzt. Gemessen wird stets von einem festen Bezugspunkt aus. Dies kann z. B. die Laube im Türeingangsbereich sein. Nun überträgt man die Maße aus der Skizze in die Realität. Das genaue Einmessen und Festlegen der Höhen ist für den Anfänger der wahrscheinlich schwierigste Teil der Arbeit. Höhenmessungen werden entweder mit einem professionellen Nivelliergerät oder – bei kleineren Baulichkeiten wie in einem Kleingarten – mit den Hilfsmitteln Eisenstäbe bzw. Holzpflöcke, Latte, Wasserwaage, Schnur und Meterstab durchgeführt. Die Messpflöcke werden an den Eckpunkten der seitlichen Begrenzung der Wegefläche senkrecht in den Untergrund eingeschlagen. Nun legt man eine Ausgangshöhe fest, z. B. die Fußbodenoberkante der Laube. Von hier aus kann man nun mit der Latte, der Wasserwaage und dem Meterstab die Höhe auf alle anderen Eckpunkte übertragen. Die Höhen werden an den Pflöcken/Stäben durch Kreidestriche oder durch eine gespannte Schnur gekennzeichnet.

Der Wegeaufbau

Jede befestigte Fläche braucht ein Gefälle, damit Wasser oberflächlich abfließen kann. Das Gefälle sollte stark genug sein, um eine gute Entwässerung der Flächen zu gewährleisten, insbesondere wenn die Terrasse starken Witterungseinflüssen ausgesetzt ist. Entwässert wird am besten in Rasenflächen oder Pflanzbeete, wo das Wasser nach einem kräftigen Regenguss schnell versickern kann. In jedem Fall gilt: Die Entwässerung verläuft immer weg von dem Gebäude oder wichtigen Bauteilen. Für Pflaster- und Plattenbeläge hat sich ein Gefälle von 1,5 bis max. 2,5 % bewährt. Das bedeutet bei einer Entfernung von einem Meter entspricht das einem Höhenunterschied von 1,5 bis 2,5 cm.

Frostschutz- und Tragschicht: Am einfachsten wäre es, die Pflastersteine oder Platten einfach auf dem vorhandenen Boden zu verlegen. Leider ist dies nicht möglich, da die normale Bodenstruktur die Standfestigkeit eines Weges oder einer Terrasse in den seltensten Fällen gewährleistet. Der vorhandene anstehende Boden muss daher ausgehoben (ausgekoffert) werden. Die Tiefe des Aushubs richtet sich nach dem gewünschten Aufbau. Wichtigstes Kriterium ist die anschließende Belastung des Weges. Ein kleiner Gartenweg benötigt selbstverständlich nicht den gleichen Aufbau wie ein Parkplatz. Gewachsener Boden ist stabiler als aufgeschütteter Boden, der ggf. zu Absackungen neigt.

Auf den sauber mit Gefälle planierten Untergrund kommt zuerst der Frostschutzkies, der als Drainageschicht dient. Diese führt das Wasser ab und verhindert, dass bei frostigem Wetter eingedrungenes Sickerwasser gefriert und den Oberbau zerstört. Bei schlecht wasserabführendem Untergrund empfiehlt sich zusätzlich eine Dränage auf der Koffersohle (Dränagerohre mit Abflussmöglichkeit). Für Fußwege ohne Belastung genügt ein Unterbau von 10 cm Frostschutzkies

Gerade das fachgerechte Detail ist im Wege- und Terrassenbau von großer Bedeutung, will man perfekte Harmonie im Garten erreichen. Hier ist eine geschickte und ästhetisch anspruchsvolle Kombination von Natursteinplatten mit Granitkleinsteinpflaster zu sehen, die gleichzeitig einen Höhensprung überwindet.

oder -schotter mit der Körnung 0/32 mm bis 0/45 mm. Beläge, die stärkerer Belastung ausgesetzt sind, z. B. im Eingangsbereich oder auf der Terrasse, erhalten zusätzlich eine 15 bis 20 cm starke Tragschicht, das ist eine Kies- oder Schotterschicht der Körnung 0/32 mm. In allen anderen Bereichen, also z. B. bei den Zwischenwegen der Beete oder auch im Bereich des Kompostplatzes oder des Wasserbeckens, reicht es, wenn man den Oberboden abträgt und auf den geebneten Rohboden direkt das Sand- oder Splittbett aufträgt. Vermieden werden sollten Betonunterbauten oder bituminöse Tragschichten. Sie sind teuer und versiegeln den Untergrund vollständig.

Jede einzelne Schicht muss sorgfältig verdichtet werden. Kleinere Flächen und Winkel können mit einem Handstampfer verdichtet werden, für größere Flächen verwenden Sie am besten eine Rüttelplatte.

Der Kleingarten als Nutzgarten

Werkzeuge für den Wegebau
- Meterstab und/oder Bandmaß
- gerades Brett (2 bzw. 4 m lang)
- Wasserwaage
- Eisenstäbe oder Holzpflöcke von ca. 1 m Länge
- Markierkreide
- Hammer
- Rüttelplatte oder Handstampfer zum Verdichten
- Spaten
- Schaufel
- Schubkarre

Dieser Polygonalbelag aus Porphyrbruchplatten ist malerisch eingefasst mit Beetstauden, die den Rand überwachsen. Seine Pflegefreundlichkeit erhält der Weg durch die gebundene Bauweise, d. h. durch bündige Mörtelfugen.

Die Wegebeläge werden auf der Tragschicht in einem drei bis fünf Zentimeter starken Sand- oder Splittbett der Körnung 0/2 bis 0/5 verlegt. Die Fugen des Belages werden mit Feinmaterial verfüllt. Das gebräuchlichste Fugenmaterial ist Sand 0/2 oder Brechsand 0/2 (gebrochenes Material verkeilt sich in den Fugen besser). Das Material wird auf die fertige Fläche aufgebracht und sorgfältig kreuz und quer eingekehrt. Dann wird der Belag ausgiebig mit Wasser geschlämmt. Ist das Fugenmaterial versickert, wird noch einmal nachverfugt und -geschlämmt. Eine Versiegelung der Beläge ist im Kleingarten nicht sinnvoll und auch nicht notwendig. Aufkeimende Kräuter, Gräser und Moose können leicht von Hand bekämpft und manuell entfernt werden.

Den Wegrand gestalten

Einfassungen werden im Wege- und Straßenbau hauptsächlich dann eingesetzt, wenn mit hohen Punkt-Belastungen durch Schwerlast-Fahrzeuge und daraus resultierenden Scherkräften zu rechnen ist. Die Einfassungen sollen verhindern, dass die Platten oder Pflastersteine oder auch die Asphaltdecken seitlich weggedrückt werden und so der

Belagsverbund zerstört wird. Diese Gefahr besteht im Bereich der Einzelparzelle einer Kleingartenanlage nicht: Die Belagsflächen dienen hier nur für die fußläufige Erschließung. Dementsprechend kann auf Einfassungen in der Regel verzichtet werden. Einzige Ausnahme: In einem Hanggelände kann es notwendig sein, den Belag gegen das »Wegschwimmen« nach unten zu sichern. Der Übergang zwischen Weg und begrenzender Fläche sollte fließend sein. Wegränder mit spontan aufkommenden Wildkräutern und Gräsern sind Unterschlupf für zahlreiche Tierarten. Kräuter und Gräser sollen auch in den Weg hineinwachsen dürfen und verschwinden bei häufigem Betreten von selbst. Wer aus gestalterischen Gründen auf eine Einfassungsreihe nicht verzichten will, der sollte Folgendes beachten:

- immer oberflächenbündige Einfassungen setzen,
- nur Einreiher verwenden,
- keine Betonkantensteine oder Betonbordsteine,
- besser sind Natur-Kleinsteinpflaster, hochgestellte Klinker und Ziegel (Rollschicht) oder Betonpflastersteine,
- für bestimmte Belagsarten (z. B. Holzhäcksel- oder Rindenwege) eignen sich auch Kanthölzer; auf die früher sehr beliebten Eisenbahn-Schwellen muss aufgrund der giftigen Anstrichmittel verzichtet werden.

Einfassungen brauchen in der Regel ein Bett und eine Seitenstütze aus Beton zur Stabilisierung.

Terrassen und Sitzplätze

Größe und Form der Terrasse richten sich nach der späteren Nutzung und Möblierung. Beachten Sie aber die Vorgaben in der Gartenordnung. Ob rund, mit unregelmäßiger Kante oder rechteckig – die Form ist Geschmackssache und abhängig von den gewählten Materialien. Ein Sitzplatz im Garten von 10 m² Größe reicht zum Aufstellen von zwei Liegestühlen und einem Tischchen aus.

Die Bodenbeläge sollten in Oberfläche und Farbe mit dem Charakter der Laube harmonieren. Glatte Beläge aus Betonsteinen oder Klinkern sind besonders gehfreundlich, leicht zu verlegen und zu pflegen. Rustikaler wirken Natursteine durch ihre unregelmäßigen Oberflächen und Formen. Aber auch eine Kombination aus Beton- und Natursteinen ist reizvoll und ermöglicht zahlreiche individuelle Gestaltungen. Das Gefälle sollte bei Terrassen 1–2 % betragen (= 1–2 cm pro Meter).

Wählen Sie für Wege und Terrassen aus der Materialvielfalt: Die längsformatigen, gebrochenen Granitpflasterplatten wurden mit einem Schotter-Kies-Gemisch verfugt.

Eine Terrasse mit Holz-Kassettenbelag lässt sich relativ einfach verlegen.

Ganz klassisch ist eine Verlegung von Granitkleinsteinpflaster in Segmentbögen, hier mit einer Stufe aus Granitgroßstein.

Interessant wirkt der Klinkerbelag im Fischgrätverband.

Startklar! Der Boden und seine Pflege

Der Gartenboden ist ein kostbares Gut. Er ist Lebensgrundlage für Pflanzen, Tiere und Menschen. Dabei dient er unseren Pflanzen als Standort und versorgt sie mit genügend Nährstoffen und Wasser.

Ideale Böden für den Anbau von gärtnerischen Kulturen sind vor allem humose Lehmböden. **Lehmböden** bestehen aus einer mehr oder weniger ausgewogenen Mischung aus Sand-, Ton- und Schluffteilen. Sie speichern Nährstoffe und Wasser, sind gut durchlüftet und leicht zu bearbeiten. **Böden mit hohem Sandanteil** sind locker, erwärmen sich schnell, sind gut durchlüftet und trocknen schnell ab. Diese Böden können Nährstoffe und Wasser nur schlecht speichern. Sie können den Humusanteil und somit auch die Speicherfähigkeit von sandigen Böden erhöhen, wenn Sie regelmäßig Kompost aufbringen und Gründüngungspflanzen ansäen. Schützen Sie sandigen Boden gegen Wasserverdunstung durch Aufbringung einer Mulchschicht. Schwere **Böden mit hohem Tonanteil** besitzen zwar reichlich Nährstoffe, geben diese aber schlecht an die Pflanzen ab. Einen solchen Boden müssen Sie mit Sand, Kompost oder einer Gründüngung lockern. Auch hier fördert eine Mulchschicht die Bodenfruchtbarkeit. Da aus diesen Böden kaum Nährstoffe versickern können, dürfen Sie diese Böden im Spätherbst grobschollig umgraben. Am besten verwenden Sie dazu eine Grabegabel. Durch die Frostgare werden die Böden gelockert. Allgemein gilt: Ist Ihr Gartenboden humos und krümelig, können Sie auf ein herbstliches Umgraben verzichten.

Den Boden schützen mit Mulch

Ob im Wald durch eine dicke Laubschicht oder auf der Wiese durch Ansiedlung von Kräutern und Gräsern – in der freien Natur ist der Boden immer bedeckt und wird somit vor Sonne, Wind und Wasser geschützt. Schützen auch Sie Ihren Boden und aktivieren Sie das Bodenleben und die Bodenfruchtbarkeit, indem Sie Ihre Gemüse-, Obst- und Staudenbeete mit einer Mulchschicht bedecken. Welches Material dafür das richtige ist, hängt vom jeweiligen Verwendungsbereich ab.

- Offene Böden unter Obstgehölzen, Beerensträuchern sowie Ziergehölzen sollten Sie regelmäßig mit einer nicht zu dicken Mulchschicht bedecken. Als Material bieten sich vor allem der regelmäßig anfallende Rasenschnitt, Laub, grober Kompost und Ernterückstände an. Zum Schutz vor Mäusen entfernen Sie die Mulchschicht in den Wintermonaten und bringen sie erst wieder im Frühjahr, wenn der Boden wieder erwärmt wurde, auf.
- Im Gemüsegarten verwenden Sie am besten leicht verrottbares Material, beispielsweise Rasenschnitt. Sie werden sehen: Über eine Mulchschicht freuen sich Bohnen, Erbsen, Zuckermais, Rote Bete, Fenchel, Mangold, Sellerie und Kohlgemüse. Die Dicke der Mulchschicht hängt von den Niederschlägen ab: je höher die Niederschläge, desto dünner die Mulchschicht. Einige Gemüsearten wie Möhren, Rettiche, Zwiebeln, Salat und Radieschen sollten Sie hingegen nicht mulchen. Denn durch eine organische Mulchschicht werden Schnecken, aber auch die gefürchteten Rettich-, Zwiebel- und Möhrenfliegen angezogen. Die Mulchschicht schadet in diesem Fall mehr, als sie nützt.
- Immer öfter werden auch schwarze Mulchfolien oder, besser, Mulchvliese verwendet. Sie haben den Vorteil, Unkraut zu unterdrücken, und helfen der Boden zu erwärmen. Vor allem bei Gurken lässt sich ein höherer Ertrag erzielen, aber auch die Kultur von Erdbeeren auf schwarzem Mulchvlies hat sich bewährt. Mulchvliese sind aus robustem Material und können viele Jahre benutzt werden. Bereiten Sie das Gurken- oder Erdbeerbeet gründlich vor, wobei Sie auf eine ausreichende Düngung (z. B. Kompost) achten müssen. Dann legen Sie die synthetischen Mulchmaterialien auf und bedecken die Ränder mit Erde.

Startklar! Der Boden und seine Pflege 37

Die anspruchslose Sommerblume *Phacelia* eignet sich fabelhaft zur Gründüngung. Sie ist auch optisch attraktiv und ein Leckerbissen für Bienen und Hummeln.

Aktiver Bodenschutz: Halten Sie Ihren Boden immer bedeckt. Eine gute Anbauplanung (→ ab S. 78), Gründüngung und Mulchen helfen Ihnen dabei.

Anschließend schneiden Sie an den Stellen, wo Sie die Pflanzen setzen, 3–5 cm große Kreuzschnitte in die Folie und pflanzen Ihre Jungpflanzen.

Gründüngung

Eine andere Möglichkeit, den Boden und seine Lebewesen zu schützen, ist die Einsaat von Gründüngungspflanzen im Sommer und Herbst, wenn Sie Ihre Beete abgeerntet haben. Gründüngung ist eine altbewährte Methode der Bodenverbesserung. Sie säen hierzu spezielle Pflanzen an, um diese nach dem Winter in den Boden einzuarbeiten. In der Spalte rechts sehen Sie einige Beispiele von Pflanzen, die sich gut für die Gründüngung im Kleingarten eignen.

Nur bedingt eignet sich die Anssat der preiswerten und schnellwüchsigen Samen von Senf und Raps. Sie gehören zur großen Familie der Kreuzblütler (Cruciferae) und müssen bei der Anbauplanung besonders berücksichtigt werden. Dieser Familie gehören auch viele unserer Nutzpflanzen an, z. B. Rettich, Radieschen, Weißkohl, Rosenkohl, Grünkohl, Brokkoli und Blumenkohl. Eine gefürchtete Krankheit, die zu großen Ausfällen bei Kreuzblütlern führen kann, ist die Kohlhernie. Sie können gegen diese Krankheit vorbeugen und Ihr Gemüse schützen, indem Sie die Fruchtfolge einhalten (→ siehe S. 44). Wenn Sie beispielsweise auf Ihrem Beet Blumenkohl gepflanzt hatten, dürfen Sie drei Jahre lang keine Vertreter aus der Familie der Kreuzblütler anbauen. (→ siehe Tabelle S. 80).

Pflanzen für Gründüngung
- Bienenfreund *(Phacelia)*
- Lupinen *(Lupinus)*
- Feldsalat *(Valerianella locusta)*
- Wicke *(Vicia)*
- Studentenblume *(Tagetes)*
- Buchweizen *(Fagopyrum)*
- Ringelblume *(Calendula)*

Das Gold des Kleingärtners – Kompost

Ein Komposthaufen oder -behälter ist fast in jeder Parzelle anzutreffen. Kein Wunder – die Vorteile sprechen für sich. Kompostieren ist nicht nur praktische »Müllentsorgung«, sondern ein wertvoller Humusgewinn.

Ob Staudenreste, Ernterückstände oder Zweige und Äste vom Strauchschnitt – in unseren Kleingärten fallen im Laufe des Jahres viele organische Stoffe an. Wir können sie auf verschiedene Art und Weise unseren Gärten wieder zurückgeben und nutzen: als Kompost, als Mulchmaterial (→ siehe S. 36) oder als Ausgangsmaterial zur Erstellung eines Hügel- oder Hochbeetes (→ siehe S. 76). Vor allem die Kompostwirtschaft hat einen sehr hohen Stellenwert in unseren Kleingärten – sie ist allgegenwärtig. Die Gründe dafür liegen auf der Hand: Mit der Ausbringung von reifem Kompost versorgen wir unsere Pflanzen und Böden mit Humus und Nährstoffen. Ferner belüftet Kompost den Boden, er fördert die wasserhaltende Kraft und die Bindung von Nährstoffen. Er puffert auch schädliche Säuren und verbessert die Bodenflora und -fauna. Und das Allerbeste: Kompost ist billig und umweltfreundlich und zudem ein idealer Ersatz für Torf!

Das Wort »Kompost« stammt vom lateinischen Wort »componere« ab und bedeutet so viel wie »zusammensetzen«: Beim Kompostieren werden organische Stoffe pflanzlichen Ursprungs aufeinandergeschichtet und unter Einwirkung von Luftsauerstoff, Wasser und Temperatur zersetzen sie sich. Dies geschieht unter der Mitwirkung von Mikro- und Makroorganismen, Algen und Pilzen. Um einen hochwertigen Kompost zu erhalten, müssen Sie die Ausgangsstoffe gezielt auswählen und schichten:

- Verwenden Sie anfallende Gartenabfälle – soweit diese nicht mit Schadstoffen belastet oder krank sind – wie zerkleinerten Hecken- und Strauchschnitt, angewelkten Grasschnitt, Laub, Staudenstängel usw.
- Zudem können Sie pflanzliche Küchen- und Haushaltsabfälle (wie Obst und Gemüse) ebenso kompostieren.

Weniger oder nicht geeignet sind:

- Kaffee- und Teesatz (erhöhte Zink- und Kupferwerte),
- gekochte Küchen- und Haushaltsabfälle wie Fleisch, Fisch und Teigwaren (sie locken Mäuse und Ratten an!), aber auch Schalen von rohen Eiern,
- Unkräuter bzw. Wildkräuter in der Samenreife sowie Wurzelunkräuter,

Bringen Sie eine Schicht Gartenerde auf dem Komposthaufen oben auf, dann können Sie – bis zur vollständigen Verrottung – auf Ihrem Kompost gesundes Gemüse anbauen.

- alle anorganischen Materialien (Metall, Kunststoff etc.),
- Staubsaugerbeutelinhalt, Holz- und Kohleasche.

Schicht für Schicht

Wählen Sie einen Standort, der von allen Anbauflächen gut erreichbar ist. Ihr Kompostplatz – am besten bestehend aus zwei Kompostbehältern – sollte sich an einem halbschattigen bis schattigen Ort befinden. Dies kann hinter der Laube, im Schutz einer Hecke oder unter einem Obstbaum sein. Falls Ihnen in Ihrem Kleingarten nur wenig Platz zur Verfügung steht, reicht auch ein Kompostbehälter.

Ihre gesammelten Abfälle müssen Sie zunächst – falls erforderlich – mit einem Häcksler, Hacker, Scheibenradhacker, Schläger oder Reißer zerkleinern. Um den Luftaustausch an der Kompostbasis zu fördern und Fäulnis zu verhindern, sollten Sie unten eine 10 cm hohe Schicht aus Gehölzhäcksel oder Stroh aufbauen. Dann mischt man die Gartenabfälle und füllt den Kompostbehälter schichtweise auf. Wechseln Sie dabei immer ab: zuerst eine Schicht mit nährstoffreichen, feuchten und weichen Abfällen (Gemüse, Obst, Rasenschnitt usw.), dann eine Schicht mit nährstoffarmen, trockenen und strukturstabilen Materialien und so fort. Setzt man nach einiger Zeit den Kompost um, wird der Rottevorgang beschleunigt und der Kompost verrottet gleichmäßiger. Deshalb ist ein zweiter Kompostbehälter sinnvoll. Die Arbeit des Umsetzens ist aber nicht dringend erforderlich. Nach wenigen Monaten kann der Kompost bereits als Frischkompost verwendet werden.

Frischkompost mit noch erkennbarer Materialstruktur kann als Mulchmaterial oder als Bodenverbesserungsmittel verwendet werden. Er sollte nur oberflächlich in den Boden eingearbeitet werden. Da – wie bei der Verwendung von frischem Mist – Gemüsefliegen angezogen werden, sollte Frischkompost nicht bei der Kultur von Wurzelgemüse, Kohlgemüse und Zwiebeln verwendet werden. **Reifekompost**, also fertige Komposterde, wird pur oder in Substratmischungen für Pflanzstellen, Saat- und Frühbeete, für Topfpflanzen oder im Gewächshaus verwendet, aber auch zur Verbesserung des Humusgehalts in normalen Gartenböden. Reifekompost sollte ebenfalls in wohldosierten Mengen aufgebracht werden. Übrigens: Lagern Sie Kompost nicht länger als ein Jahr – er verliert sonst wieder an Bodenleben und Nährstoffen.

Die richtige Menge ausbringen

Gemüsekulturen können je nach Nährstoffbedarf folgendermaßen mit Kompost versorgt werden:

- Starkzehrenden Gemüsepflanzen wie Kohlgemüse, Tomaten, Gurken oder Kürbis können etwa drei Liter Kompost pro Quadratmeter gegeben werden.
- Mittelzehrende Gemüsepflanzen wie Kohlrabi, Fenchel oder Rote Bete versorgen Sie mit zwei Liter pro Quadratmeter.
- Schwachzehrenden Gemüsepflanzen wie Erbsen oder Zwiebel reicht ein Liter Kompost pro Quadratmeter.

Vergessen Sie nicht Ihre Gehölzpflanzungen (Ziergehölze, Beerenobst, Obstgehölze, Rosen, Kletterpflanzen) mit ca. einem Liter Kompost pro Quadratmeter zu versorgen. Auch mehrjährige Stauden freuen sich auf eine jährliche Gabe von ca. zwei Litern pro Quadratmeter.

Aufschluss über die Humusversorgung Ihres Kleingartens gibt eine Bodenprobe. Lassen Sie Ihren Boden alle drei Jahre testen (→ siehe Adressen S. 141).

Gemüse anbauen mit Klasse statt Masse

Wir Kleingärtner erleben den Wechsel der Jahreszeiten nicht nur bei der Gartenarbeit, sondern ganz besonders durch das saisonale Angebot von Obst und Gemüse aus dem eigenen Kleingarten.

Jede Jahreszeit hat ihren eigentümlichen Geschmack – der Frühling schmeckt leicht mit Spargel und Spinat, der Sommer erfrischend mit Tomaten und Gurken, der Herbst erdig mit Kartoffeln und Möhren und der Winter wärmend mit Kürbis und Kohl. Mit der richtigen Planung und saisonal passenden Praxismethoden können Sie das ganze Jahr die eigene Ernte genießen.

Verfrühte Ernte

Ein Frühbeetkasten ist eine tolle Sache! Zum einen können Sie bereits im zeitigen Frühjahr Salat und Kohlrabi kultivieren. Zum anderen eignet er sich hervorragend zur Anzucht von Gemüse- und Sommerblumenjungpflanzen. Im Winter ist der Frühbeetkasten optimal, um Spätgemüse wie Möhren oder Rote Bete zu lagern.

Entweder kaufen Sie einen Frühbeetkasten oder bauen diesen auf einfache Weise aus Holz selbst. Verwenden Sie dafür Bretter mit einer Mindeststärke von 4 cm. Die Pfosten befinden sich immer auf der Innenseite des Kastens. Auf den selbst gebauten Bretterkasten als Unterbau werden Holzrahmenfenster aus Glas und Folie gelegt. Orientieren kann man sich dabei an den im Erwerbsgarten üblichen »holländischen« Fenstern mit den Maßen 80 x 150 cm. Für Ihren Frühbeetkasten können Sie aber auch Fenster aus dem Fachhandel erwerben, beispielsweise die praktischen »selbstlüftenden« Lamellenfenster. In diesem Fall müssen Sie die Größe des Kastens den gekauften Fenstern anpassen.

Ihren Frühbeetkasten stellen Sie am besten an einer windgeschützten, sonnigen und trockenen Stelle im Garten auf. Wichtig ist, dass die Neigung der Fenster nach Süden weist; nur so kann die volle Sonneneinstrahlung genutzt werden. Lüften Sie Ihren Frühbeetkasten an warmen, sonnigen Tagen, damit Ihre Pflanzenkinder nicht verbrennen. Ein Lüftungsholz sollte immer bereitliegen!

Zusätzliche Wärme: Mist ist ein wertvoller organischer Dünger, vermischt mit Stroh, entwickeln sich bei der Zersetzung hohe Temperaturen. Je nach verwendetem Material und Dicke der Schicht wird unterschiedlich viel Wärme erzeugt. Zur Ernteverfrühung hat es sich bewährt, das Frühbeet mit einer Mistpackung zu füllen. Vielleicht bekommen Sie ja von einem nahe gelegenen Bauernhof strohigen Mist?

Für die Mistpackung heben Sie, je nach Region, im Februar oder März die Erde im Frühbeetkasten 50 cm tief aus; dann bringen Sie eine ca. 20 cm dicke Lage frischen, strohreichen Mist ein. Traditionell bewährt hat sich dafür eine Packung aus Pferdemist, denn dieser entwickelt bei der Zersetzung große Temperaturen. Alternativ können Sie auch Kuhmist oder eine

Mehrfachnutzen: Im Frühbeetkasten ernten Sie Ihre Salate zeitiger und im Winter können Sie darin Wurzelgemüse einlagern.

Gemüse anbauen mit Klasse statt Masse 41

Mischkultur ist Trumpf! Auf Ihren Gemüsebeeten schaffen Sie eine Vielfalt durch den kombinierten Anbau von Blumen, Kräutern und diversen Gemüsesorten.

Schicht aus Laub als wärmende Schicht verwender. Das Laub sollte nicht zu nass sein, sonst besteht die Gefahr von Fäulnis. Erst wenn sich die Schicht erwärmt hat, meistens nach ca. drei bis vier Tagen, bringen Sie gute Erde (am besten Komposterde) auf. Ist die Erde erwärmt, kann mit der Bepflanzung (z. B. Kopfsalat und Kohlrabi) begonnen werden. Als Folgekultur bietet sich der Anbau von wärmeliebenden Gurken oder Melonen an.

Los geht's

Je nach Region dürfen wir ab Mitte März bis Anfang April unsere Gemüsebeete bestellen. Ist der Boden abgetrocknet, können Sie Ihre Gemüsebeete für die ersten Aussaaten vorbereiten. Hierzu lockern Sie mit einem Kultivator den Boden einige Zentimeter tief und ebnen das Gemüsebeet.

Am besten säen Sie die Samenkörner in Rillen, die man mit dem Stabende des Kultivators zieht. In der Regel legt man die Rillen in einem Abstand von 25 cm an. Nach der Aussaat bedecken Sie die Samenkörner dünn mit Erde; orientieren Sie sich für die Überdeckung am Durchmesser des Samens. Wenn die Keimung Ihrer Gemüsepflanzen nur schlecht verläuft, können Sie auch Folgendes probieren: Bedecken Sie die Aussaat das nächste Mal mit gekaufter Aussaaterde. Diese Erde ist keimfrei und locker und erleichtert das Auflaufen der Samen. Die ersten Saaten und Pflanzungen auf den Gemüsebeeten schützen Sie nun am besten mit einem speziellen Frostschutzvlies vor kühlen Temperaturen. Und das

Der Kleingarten als Nutzgarten

Nicht nur im Gemüsegarten macht der Toskanische Palmkohl 'Nero di Toskana' eine gute Figur. Seine Blätter können auch ohne Frosteinwirkung verarbeitet werden.

Roter Grünkohl 'Red Bor' überzeugt mit attraktiven Blättern und einem kräftigen Wuchs. Er bleibt während des Winters auf den Beeten und wird nach Bedarf geerntet.

Wichtigste: Damit die Keimung lückenlos verläuft, darf die Saat nicht austrocknen. Halten Sie deshalb unbedingt die Ansaat gleichmäßig feucht.

Welches Gemüse zuerst?

Im Frühjahr beginnt das Gartenjahr mit den ersten Aussaaten von Spinat, Radieschen, Feldsalat, Kopfsalat, Kohlrabi, Rettich und Rucola. Der »Frühaufsteher« **Spinat** keimt schon bei geringen Bodentemperaturen und kann nach einigen Wochen bereits verzehrt werden. Beachten Sie, dass Spinat in den Sommermonaten nicht kultiviert werden kann, sondern nur im Frühjahr und dann erst wieder im Herbst. Neben Spinat können Sie wegen ihrer geringen Keimansprüche bereits ab März **Möhren** säen. Wenige Wärmegrade und die Winterfeuchte genügen zur Keimung. Säen Sie Möhrensamen in tiefgründige, leichte Böden. Sind die Pflänzchen ca. 5 cm hoch, werden die Reihen ausgedünnt, so dass sich jede Möhre ausreichend entwickeln kann. Wer Möhren zuverlässig gegen die gefürchteten Möhrenfliegen schützen möchte, sollte ein Insektenschutznetz gleich von Anfang an über die Beete legen!

Wer freut sich nicht, den ersten **Salat** aus dem eigenen Anbau zu ernten? Ende April lachen Ihnen aus Kleingärten schon die schönsten Salatköpfe aus Frühbeetkästen oder Gewächshäusern entgegen. Ins Freiland kann man Salat ab April pflanzen. Auch hier gilt: Schützen Sie Ihre Pflanzen mit einem Frostschutzvlies. Pflanzen Sie Ihre Salatjungpflanzen so auf das Beet, dass der Erdballen nur bis zu Hälfte in der Erde ist! Denn Salat möchte »im Winde wehen«; das ist gleichzeitig ein vorbeugender Schutz vor Pilzkrankheiten, z. B. Grauschimmelfäule (Botrytis).

Kohlrabi wird gerne als eine der ersten Kulturen des Jahres in Mischkultur mit Salat gepflanzt. Auch Radieschen und Rettich gehören zu derselben Pflanzenfamilie, den **Kreuzblütlern**, wie Kohlrabi, Blumenkohl, Brokkoli, Weißkraut, Grünkohl oder Rosenkohl. Diese Familie bringt einige der gesündesten Gemüsearten hervor. Sie beinhalten neben vielen Vitaminen eine Reihe von sekundären Pflanzenstoffen. Nutzen Sie den Mai, um Grünkohl, Weißkraut, Rosenkohl, Blumenkohl auszusäen oder zu pflanzen! Achten Sie auf reichlich Pflanzabstand, denn die ausgewachsenen Kohlgewächse benötigen eine große Fläche. Wunderschön sind dabei die Grünkohlsorte 'Red Bor' mit rotbraunen Blättern sowie der Toskanische Palmkohl 'Nero di Toskana'. Leider werden unsere Kohlgewächse gerne von Raupen des Kohlweißlings, der Kohleule, Kohlmotte usw. befallen. Kontrollieren Sie daher regelmäßig die Blätter auf Eigelege oder Raupen und entfernen Sie diese. Zum Schutz vor Insekten deckt man die Beete am besten bereits bei der Pflanzung mit einem Kulturschutznetz ab.

Die Eisheiligen

Bei einigen Gemüsearten müssen wir uns in Geduld üben: Sie brauchen Wärme und Sonne und dürfen erst nach den Eisheiligen (12.–15. Mai) ins Freiland gesät und gepflanzt werden. Allen voran die Bohnen: **Feuerbohnen** sind mit ihren leuchtend roten Blüten eine wahre Augenweide. Als Sorten haben sich 'Lady Di' oder 'Prizewinner' durchgesetzt. Es gibt auch weiß blühende Feuerbohnen wie 'Weiße Riesen' oder 'Desiree'. Aromatisch sind die beliebten **Stangenbohnen**, die sich vor allem für Kleingärtner eignen, da sie selbst auf kleinstem Raum viele Bohnen ernten können. Bewährte Stangenbohnensorten sind 'Neckarkönigin', 'Goldregen' oder 'Blauhilde' (blaue Hülsen). Empfehlenswerte **Buschbohnen**-Sorten sind unter anderem 'Dublette', 'Prinzessa', 'Golddukat', 'Juvina', 'Borlotto rosso' (Wachtelbohne) oder die Chili-con-Carne-Bohne 'Red Kidney'.

Das sind einige Sorten aus der Vielzahl des Angebots von neuen und alten Sorten. Am besten ist jedoch, Sie probieren einfach nach Lust und Laune aus, um Ihre Lieblingssorten zu finden und Ihren Geschmack zu treffen.

Aus der warmen Kinderstube

Auch selbst gezogene oder gekaufte Jungpflanzen von wärmeliebendem Gemüse wie Tomaten, Paprika, Auberginen, Artischocken, Gurken und Kürbis dürfen Sie erst nach den Eisheiligen ins Freiland pflanzen. Die Stars unter den Gemüsepflanzen sind wohl unsere **Tomaten**. Sie werden liebevoll viele Wochen auf der Fensterbank oder im Gewächshaus herangezogen und dürfen nach den Eisheiligen endlich ins Freie gepflanzt werden. Damit Ihre Tomatenpflanzen gut gedeihen und vor der gefürchteten Kraut- und Braunfäule (Pilzerkrankung) geschützt sind, müssen Sie Folgendes beim Anbau berücksichtigen:

- Pflanzen Sie Ihre Tomaten an einen sonnigen, warmen Ort, der überdacht ist. Dies ist die wichtigste vorbeugende Maßnahme. Im Gegensatz zu anderen Gemüsearten können Sie Ihre Tomatenpflanzen sehr tief pflanzen. Das bedeutet, Sie dürfen die Tomaten bis zum ersten Blattansatz in den Boden bringen. Dann entwickeln sich weitere Seitenwurzeln und helfen bei der Nährstoffversorgung.
- Achten Sie auch auf genügend Abstand zwischen den Pflanzen. Jede Pflanze braucht mindestens 50 cm Abstand zum Nachbarn.
- Entfernen Sie regelmäßig alle Geiztriebe.
- Da die Kraut- und Braunfäule zunächst in den unteren Blättern auftritt, sollte man auch die unteren Blätter bis zur ersten Traube entfernen.

Wenn Sie gesunden Brokkoli ernten möchten, kultivieren Sie diesen am besten unter einem Insektenschutznetz. So werden Kohlfliegen wirkungsvoll abgewehrt.

Unbekannt oder wiederentdeckt

Kennen Sie Erdmandeln, Pastinaken, Etagenzwiebel oder Gartenmelde? Es gibt viele Gemüsearten, die in Vergessenheit geraten sind und es verdient haben, wieder mehr Beachtung zu finden.

Erdmandeln sind ein altes Wurzelgemüse. Sie zählen zu den Sauergrasgewächsen und besitzen oberirdisch grasähnliche Blätter. Unterirdisch entwickeln sich 10 bis 20 mm große mandelförmige Knöllchen, die entweder roh, geröstet oder gekocht verzehrt werden können. Mühevoll ist leider das aufwendige Säubern der kleinen Knöllchen.

Die **Pastinake** ist eines der ältesten Wurzelgemüse! Sie wurde durch die Möhre weitgehend verdrängt. In einigen Ländern wie England, Frankreich, den Niederlanden oder in den USA wird dieses Wurzelgemüse als Delikatesse geschätzt und sogar zum Teil erwerbsmäßig angebaut. Es gibt eine Reihe von verschiedenen Sorten, z. B. die bewährte 'Gladiator' mit wenig Seitenwurzeln und geringem Möhrenfliegenbefall. Der Anbau verläuft problemlos: ausgesät wird von März bis Mai. Obwohl Krankheiten und Schädlinge kaum auftreten, ist es sinnvoll, Ihre Pastinaken mit einen Kulturschutznetz vor einem Möhrenfliegenbefall zu schützen. Pastinaken können Sie ab August ernten. Nach Frosteinwirkung sind die Wurzeln aber geschmackvoller. Sie können roh und gekocht verzehrt werden und sind oftmals die erste Beikost von Säuglingen und verfeinern Eintöpfe und Suppen aller Art.

Tolle Knolle: Immer mehr Anhänger findet der Anbau von **Topinambur** als Knollengemüse. Von französischen Seefahrern wurde Topinambur von Nordamerika nach Europa eingeführt und zunächst als Gemüse und Viehfutter verwendet. Mit der Ausbreitung des Kartoffelanbaus wurde sie verdrängt. Wegen ihrer Blüten wird sie oftmals als Zierpflanze kultiviert. Ihr Anbau ist einfach, da sie bezüglich Boden und Klimaverhältnissen anspruchslos ist. Sie kann sich allerdings leicht ausbreiten und regelrecht zu einem Unkraut werden – beachten Sie das bei der Wahl des Standorts! Gepflanzt wird im März/April, geerntet von Oktober bis zum Frühjahr. Eine Lagerung der Knollen ist nicht möglich. Wegen des hohen Inulingehaltes ist Topinambur ein ideales Diätgemüse für zuckerkranke Personen. Die Knollen können roh zu Salaten oder gekocht verzehrt werden.

Für Gartenneulinge

Haben Sie noch nicht so viel Erfahrung mit dem Anbau von Gemüse? Dann wählen Sie leicht zu kultivierende Gemüsearten, z. B. Rucola, Möhren, Zwiebeln, Erbsen, Bohnen, Rote Bete zum Aussäen. Mangold, Fenchel, Zucchini, Kürbis sind ab Jungpflanzenstadium ebenfalls praktisch und in der Regel problemlos.

Noch ein Muss: Eigentlich sollte in jedem kleinen Garten ein Plätzchen für die winterharte und ausdauernde **Winterheckenzwiebel** *(Allium fistulosum)*, auch Sibirische Zwiebel genannt, zu finden sein. Sie bildet zwar keine Zwiebeln, liefert aber ab dem zeitigen Frühjahr bis weit in den Herbst hinein stets frisches Zwiebellaub. Sie können diese Zwiebelröhren wie Schnittlauch, Zwiebel oder Porree verwenden. Wem das Laub der grünen Variante zu scharf ist, kann auf die mildere rotstielige Winterheckenzwiebel ausweichen. Früher war neben der Winterheckenzwiebel auch die frostharte Etagenzwiebel *(Allium x proliferum)* in vielen Gärten anzutreffen. Auch sie ist mittlerweile selten geworden. Neben dem frischen Zwiebelgrün können Sie auch die nussgroßen Brutzwiebeln, auch Bulbillen genannt, als Zwiebelersatz verwenden. Diese Zwiebelchen dienen ferner zur eigenen Weitervermehrung, indem man sie im Abstand von 15–25 cm in den Gartenboden setzt.

Farbenfroh und schmackhaft

Ein interessantes Blattgemüse ist **Mangold** mit seinen wunderschönen Farben: Die Sortenmischung 'Bright Lights' enthält beispielsweise grün-, weiß- und rotstielige Vertreter. Die Sorte 'Vulkan' leuchtet schon von Weiten mit attraktiven feuerroten Stielen. Nicht nur im Gemüsegarten, sondern auch im Staudenbeet ein Hingucker! Ein großer Vorteil für Liebhaber dieses Blattgemüses: Im Gegensatz zum Spinat können Sie Mangold problemlos den ganzen Sommer hindurch anbauen und mehrmals beernten. Lassen Sie bei der Ernte die innersten Herzblätter stehen, so kann Mangold immer weiter wachsen. Die Blätter des Blattmangolds werden über den Herzen abgeschnitten, beim Rippen- oder Stielmangold werden die Blätter von außen nach innen geerntet, ähnlich wie beim Pflücksalat. In der Küche bereitet man Mangold ähnlich wie Spinat zu.

Wie Mangold, Spinat, Rote Bete, Guter Heinrich und Erdbeerspinat gehört die **Gartenmelde** zur Familie der Gänsefußgewächse. Die interessanten Farbausprägungen der Blätter reichen von bekannten grünen Varianten bis hin zu roten, hellgrünen und weißen Sorten. Ab März sät man die Gartenmelde in Direktsaat breitwürfig oder in Reihen aus. Die Blätter können Sie laufend einzeln abpflücken, wie Spinat dünsten oder für Füllungen verarbeiten.

Gemüse anbauen mit Klasse statt Masse

Die mehrjährige Winterheckenzwiebel liefert bereits im zeitigen Frühjahr das erste Grün. Im Laufe der Jahre entwickeln sich mächtige Pflanzen, die Sie teilen können.

Mangold ist nicht nur grün, sondern auch gelb und rot. Lassen Sie die Herzblätter bei der Ernte stehen, so können Sie das ganze Jahr über Mangold ernten.

Frosthart (bis −20 °C) erweist sich **Winterportulak** (Postelein) und bereichert zudem den winterlichen Speiseplan mit Vitaminen (Vitamin C) und Mineralstoffen (Calcium, Eisen und Magnesium). Er ist mild im Geschmack und kann als Salat oder gedünstet als Spinat verzehrt werden. Postelein keimt am besten bei Temperaturen um 12 °C und kann aus diesem Grund mit einem Reihenabstand von ca. 10–15 cm ab Mitte September bis November gesät werden. Bedeckt durch einen Folientunnel, können die tellerförmigen Blätter der 10–20 cm hoch wachsenden Pflanzen bis Ende März geerntet werden. Um mehrmalige Erträge zu erhalten, sollte man die Pflanzen nicht tiefer als 3 cm beernten.

Mehrjährig hingegen ist der **Gute Heinrich**, der aus der Familie der Gänsefußgewächse stammt. Auch er ist leider etwas in Vergessenheit geraten. Früher wurde diese Gemüseart häufiger als Spinatersatz angebaut oder sogar wild gesammelt. Von der mehrjährigen anspruchslosen, widerstandsfähigen Staude, die im Herbst gesät oder gepflanzt werden kann, können Sie ab dem zweiten Jahr Blätter ernten und diese ähnlich wie Spinat zubereiten.

Obstbäume für kleine Gärten

Ein Apfelhochstamm vor der Laube spendet im Sommer wohltuenden Schatten. Nur auf die erste Ernte müssen Sie in diesem Fall ein wenig länger warten als bei einem Spindelbusch.

Äpfel, Birnen, Kirschen & Co. versüßen uns im Sommer das Leben. Auch in kleinen Gärten können Sie vielfältig Obst anbauen, z. B. schwach wachsende Spindelbäume, die klein bleiben und wenig Platz brauchen.

Wer liebt es nicht, schmackhafte Früchte vom eigenen Baum zu ernten? Am besten pflegeleicht und gesund sollen sie sein – unsere Obstbäume. Damit dies der Fall ist, müssen wir uns bereits vor dem Kauf eines Obstgehölzes mit einigen Fragen beschäftigen:

- Wie viel Platz steht zur Verfügung? Wie hoch soll das Obstgehölz werden?
- Ist der geplante Standort geeignet für das gewählte Obstgehölz? Ist ausreichend Sonne vorhanden? Kann der Grenzabstand zum Nachbarn eingehalten werden?
- Welchen Nutzen soll das Obstgehölz haben? Soll es Schatten spenden? Wollen Sie die Früchte sofort verzehren, sie lagern oder Most herstellen?
- Welche Sorten sind resistent und widerstandsfähig?

Wenn Sie ein Obstgehölz kaufen, können Sie zwischen einen Hochstamm, Halbstamm oder Spindelbusch entscheiden. Während ein großkroniger Hochstamm bis acht Meter hoch werden kann, bleibt ein kleinkroniger Spindelbaum auch nach vielen Jahren mit einer Endhöhe von drei Metern klein. Die Höhe eines Obstbaumes ist übrigens abhängig von der Unterlage. Beinahe jedes Obstgehölz wird veredelt, dabei bildet die Unterlage sozusagen die Wurzel, auf der die gewünschte Sorte veredelt wurde.

Wollen Sie einen schattenspendenden Baum vor Ihrer Laube, dann müssen Sie einen großkronigen Hoch- oder Halbstamm wählen. Dabei sollten Sie bedenken, dass ein Hochstamm erst nach vielen Jahren erste Früchte trägt. Wer in kurzer Zeit nach der Pflanzung Früchte ernten will, wählt einen Spindelbaum, der bereits nach zwei Jahren erste

Früchte trägt. Ohne Leiter können an diesen kleinen Bäumen Ernte- und Pflegearbeiten ausgeführt werden. Ein weiterer Vorteil ist, dass Sie auf kleiner Fläche verschiedene Obstarten und -sorten anbauen können. Wie Sie Ihr kleinkroniges Obstgehölz schneiden, lesen Sie im nächsten Kapitel.

Von Anfang an stark verwurzelt

Am besten pflanzen Sie die meisten Obstarten wie Apfel, Birne und Zwetschgen im Spätherbst, d. h. ab Mitte Oktober bis Ende November können Sie wurzelnackte Obstgehölze einpflanzen. Sie stellen die Bäumchen, von der Baumschule kommend, mit den Wurzeln am besten für längere Zeit (ca. vier Stunden) ins Wasser, z. B. in einem Eimer. Währenddessen haben Sie genügend Zeit, das Pflanzloch vorzubereiten. Das Pflanzloch muss mindestens so groß sein, dass alle Wurzeln genügend Platz haben. Bei minderwertigen oder humusarmen Böden sollten Sie den Aushub mit wertvoller Gartenerde anreichern. Zum Schutz vor Wühlmäusen empfiehlt sich, das Pflanzloch unten und seitlich mit einem Drahtgeflecht (Hasendraht) auszukleiden.

Jeder Obstbaum sollte bei der Pflanzung einen Pfahl bekommen. Dabei beträgt der Abstand des Pfahls zum Baum ca. eine Handbreit. Damit die Wurzeln nicht beschädigt werden, schlagen Sie den Pfahl bereits vor der Pflanzung in das fertige Pflanzloch ein. Bei großkronigen Obstbäumen können Sie den Pfahl im dritten Standjahr entfernen. Kleinkronige Obstgehölze auf schwach wachsenden Unterlagen benötigen zeitlebens einen Pfahl.

Nun pflanzen Sie den Baum so tief, wie er auch in der Baumschule gepflanzt war. Achten Sie darauf, dass die Veredelungsstelle mindestens eine Handbreit über dem Boden ist. Nun füllen Sie das Pflanzloch mit lockerer Gartenerde und rütteln das Bäumchen immer wieder, damit alle Zwischenräume mit Erde gefüllt sind. Sind die Wurzeln ausreichend mit Erde umgeben, biegen Sie den Hasendraht zum Stamm nach innen und füllen das Pflanzloch vollständig mit Erde auf. Dann tritt man den Boden fest an. Der Stamm wird noch mit einem Gewebeband, gebunden in Form einer Acht, am Pfahl befestigt. Das Obstgehölz wird zuletzt fest gewässert und gut eingeschlämmt.

Containerware mit Wurzelballen können Sie auch im Sommer pflanzen. Gehölze im Topf sind meistens teurer als wur-

Die Qualität der Äpfel wird besser, wenn Sie Ihre Apfelbäume im Juni ausdünnen: Belassen Sie dabei nur alle 15 bis 20 cm einen Apfel.

zelnackte Pflanzware. Pflanzen, die sehr anfällig sind für Winterfröste, z. B. Pfirsich, Aprikose oder Quitte, pflanzt man besser im Frühjahr.

In Form gebracht

Schneide ich meine Obstbäume richtig? Diese Frage ist nicht leicht zu beantworten. Das Thema sorgt für viel Diskussionsstoff unter den Gärtnern, denn es gibt mehrere Möglichkeiten, Bäume zu schneiden. Während im Erwerbsgartenbau vor allem das Kriterium Ertrag eine maßgebliche Rolle beim Schnitt spielt, müssen im Hobbygarten natürlich auch ästhetische Aspekte berücksichtigt werden. Der Schnitt von Obstbäumen nimmt nicht nur Einfluss auf die Ertragsmenge, sondern auch auf andere Faktoren, z. B. auf die Lebensdauer des Obstgehölzes oder auf die Qualität der Früchte.

Durch einen fachgerechten Schnitt kommen Licht und Luft in die Baumkrone, die Blätter können schneller abtrocknen und Krankheiten wie Apfelschorf und Mehltau können sich

Obstbaum kaufen

Lassen Sie sich in Markenbaumschulen (→ siehe Adressen ab S. 141) zu empfehlenswerten Sorten und den passenden Unterlagen beraten. Informieren Sie sich auch über die Endhöhe Ihres Baumes.

Wohin mit dem gesammelten Schnittgut? In vielen Kleingartenanlagen wird der Gehölzschnitt gehäckselt. Sie können das Material zum Beispiel für die Anlage eines Hoch- oder Hügelbeetes verwenden.

nicht so schnell ausbreiten. Wer kleinkronige Obstgehölze in seinen Kleingarten gepflanzt hat, erzieht diese als sogenannte Spindelbäume. Wie Sie »kleine« Bäume auf schwach wachsender Unterlage richtig schneiden, erläutern wir am Beispiel eines Apfelspindelbaumes.

Schnitt einer »schlanken Spindel«

Bei Spindelbäumen sind alle Seitenäste mit dem Fruchtholz an der Hauptachse, nämlich der Stammverlängerung, angeordnet. Leitäste wie beim Hoch- oder Halbstamm gibt es nicht. Für die Erziehung einer Spindel beachten Sie bitte Folgendes beim Schneiden.
Pflanzschnitt: Zunächst wird beim Pflanzschnitt der Konkurrenztrieb zum Stamm entfernt. Ebenso entfernen Sie alle Triebe, die bis in eine Höhe von 50 cm über dem Boden wachsen. Anschließend wählt man ca. vier bis fünf Triebe aus, die man ohne Einkürzung waagrecht bindet.
Schnitt im 1. und 2. Standjahr: Bei optimaler Entwicklung sind nur wenige Eingriffe notwendig. Der Mitteltrieb wird nach dem zweiten Standjahr 30 cm über der letzten Verzweigung angeschnitten. Sämtliche Seitentriebe belässt man. Sehr steil wachsende Triebe bindet man waagrecht oder beschwert den Trieb mit einem Gewicht.
Schnitt in den späteren Jahren: Der Mitteltrieb wird jährlich zurückgeschnitten bzw. umgesetzt, damit an der ganzen Länge des Stammes jedes Jahr Neutriebe entstehen. Störende, bodennahe Äste können entfernt werden. Überhängende, überdeckende Fruchtäste werden nicht am Stamm entfernt, sondern auf Kurztrieb oder Stummel mit ein bis drei Augen zurückgeschnitten. Aus diesen Stummeln bilden sich ein bis drei Triebe, von denen der flachste belassen wird und die anderen entfernt werden.
Schwächere, lange, ungeschnittene Triebe des Vorjahres sind bis auf die Blütenknospe zurückzunehmen. Dieser Erziehungsschnitt wird fortgesetzt, bis sich von der Mitte heraus reichlich gut garnierte Fruchtäste gebildet haben.
Der obere Kronenbereich trägt nur kurze Triebe und zweijähriges Holz. Der Baum wird ständig verjüngt, damit die Fruchtbildung in Stammnähe erfolgt und es zu keiner Langtriebbildung und späteren Astverkahlung kommt. Nach dieser Methode werden locker aufgebaute schlanke Spindeln erzogen, die früh im Ertrag stehen und bei sachgemäßer Pflege eine reiche Ernte bringen.

Der Sommerschnitt

Auch der Sommerschnitt setzt sich im Freizeitgartenbau immer mehr durch. Er reduziert das Triebwachstum und fördert die Bildung von Blütenknospen für das kommende Jahr. Im Juli und August entfernt man ruckartig, ohne Schere, sondern mit der Hand, zunächst alle Wasserreiser (»Wasserschosser«) samt den sogenannten schlafenden Augen. Zudem schneidet man mit einer Baumschere alle Konkurrenztriebe des Stammes und der Leitäste, nach innen wachsende und zu dicht stehende schwächere Triebe weg. Soweit Triebe nicht zum Kronenaufbau benötigt werden, sollten diese waagrecht (nicht darunter!) gebunden werden, da sich dort Blütenknos-

Obstbäume für kleine Gärten

Obstbäume, die klein bleiben (Spindelbüsche), eignen sich hervorragend für unsere Kleingärten – und das nicht nur aus Platzgründen. Weitere Vorteile sind der frühe Ertrag, eine gute Qualität der Früchte und dass die Pflege- und Erntearbeiten kinderleicht sind.

pen bilden können. Je waagrechter ein Trieb am Baum ist, desto mehr Blütenknospen werden gebildet. Je steiler er ist, desto mehr wächst er in die Höhe. Bei einem Halb- oder Hochstamm hingegen empfiehlt sich der Aufbau einer Krone mit drei Leitästen. Nach dem Pflanzschnitt erfolgt nun, je nach Baum, fünf bis acht Jahre lang ein sogenannter Erziehungsschnitt. Das Ziel von diesem ist es, eine lichte Baumkrone aufzubauen.

Neben der Theorie spielt natürlich die Praxis die wohl größte Rolle. Daher ist die Teilnahme an einem Schnittkurs sehr empfehlenswert.

Empfehlenswerte Obstbaum-Sorten

Art	Sorte	Beschreibung
Apfel	'Gerlinde'	schorfresistent; Ernte ab Ende August; süße, knackige, kleine Äpfel
	'Rubinola'	schorfresistent; Ernte ab Mitte September; süße, mittelgroße Äpfel
	'Topaz'	beste schorfresistente Sorte; Pflückreife ab Anfang Oktober; lagerfähig bis März/April
	'Santana'	schorfresistent; süß schmeckende Apfelsorte
	'Rubinette'	schorfresistent; Ernte ab Anfang Oktober; sehr guter Tafelapfel
Birne	'Williams Christ'	bekannte, bewährte Sorte; Reife ab Mitte August; schnelle Verarbeitung
	'Harrow Sweet'	schorfresistent, resistent gegen Feuerbrand; Ernte ab Anfang September
	'Condo'	guter Geschmack; ertragreiche Sorte
Zwetsche	'Katinka'	kleine Früchte, aber gute Frühsorte ab Mitte Juli
	'Toptaste'	Ernte ab Ende August; süße, aromatische Früchte
	'Hanita'	Ernte ab Mitte August; guter Geschmack
	'Elena'	Ernte ab Ende September; wenig krankheitsanfällig
	'Jojo'	resistent gegen Scharka; hohe Erträge ab Anfang September
Süßkirsche	'Burlat'	Frühsorte; madenfrei
	'Kordia'	mittelspäte Sorte mit guter Fruchtqualität; frostempfindlich
	'Regina'	hervorragende Spätsorte; guter Geschmack
	'Lapins'	sehr große Früchte; platzfest

Einfach beerig, unser Beerenobst

Ob Brombeeren, Johannisbeeren, Himbeeren, Jostabeeren, Erdbeeren oder Heidelbeeren – fast in jedem Kleingarten finden wir die sehr beliebten Beerensträucher. Vielleicht werden es ja noch mehr?

Süß oder sauer? Rot oder blau? Knackig oder gaumenweich? Welche Beeren in Ihren Garten einziehen, entscheiden Sie nach Geschmack. Wir stellen Ihnen von den begehrten Arten neue und bewährte Sorten vor, die sich gut für den Kleingarten eignen. Neben regelmäßigem Schnitt freuen sich alle Beerensträucher über eine Mulchschicht beispielsweise aus Rasen. So bleibt der Boden gleichmäßig feucht und die Wurzeln bleiben geschützt.

Johannisbeeren: Es gibt Arten mit weißen, roten und schwarzen Beeren, alle sind pflegeleicht und anspruchslos. Sie gedeihen auch in rauen Lagen und bei ungünstigen Bodenverhältnissen. Johannisbeeren blühen sehr früh, wählen Sie daher einen Standort, der spätfrostgeschützt ist. Johannisbeeren können Sie als Strauch, als Hochstämmchen oder – seit einiger Zeit – als Spindel kaufen. Ob nun weiße, rote oder schwarze Früchte: Alle Johannisbeeren enthalten neben Vitamin C auch Vitamin B, Kalium und viel Eisen. Vor allem die Schwarze Johannisbeere gehört mit 150 bis 300 mg Vitamin C pro 100 g Beeren zu den Vitamin-C-reichsten Früchten überhaupt.

Stachelbeeren: Viele Jahre lang war der Anbau von Stachelbeeren in Kleingärten wenig erfolgreich: Der Amerikanische Stachelbeermehltau, eine Pilzkrankheit, die um 1900 nach Deutschland eingeschleppt wurde, hat viele herkömmliche Stachelbeersorten befallen. Das hat sich geändert: Seit einigen Jahren sind neue interessante, mehltauresistente Stachelbeersorten auf dem Markt, die gegen diese Krankheit widerstandsfähig sind und trotzdem aromatisch schmecken. Wählen Sie also nur Sorten, die mehltaufest sind!

Brombeeren: Brombeeren sind beliebt – und das Besondere dabei: Sie können nicht nur die Früchte essen, auch die Blätter können genutzt werden. Traditionell werden sie als Wundheilmittel und in Teemischungen zur Blutreinigung eingesetzt. Brombeeren schmecken erst gut, wenn sie reif sind. Reife Brombeeren lösen sich in diesem Falle leicht und fallen fast von alleine vom Strauch. Bekannt und häufig anzutreffen ist die rankende und bedornte Sorte 'Theodor Reimer'. Von dieser Sorte ernten Sie jahrelang saftreiche, süße Beeren mit feinem Aroma. Der Trend geht derzeit zu eher aufrechtwachsenden, dornenlosen Sorten.

Himbeeren: Für den Kleingarten können Sie zwischen Sommer- und Herbstsorten wählen. Leider treten in den letzten Jahren vermehrt Probleme mit der Rutenkrankheit auf, d. h., bei Sommersorten sterben die Ruten noch vor der Ernte ab. Die einmaltragenden Herbstsorten sind eine empfehlenswerte Alternative. Sie tragen ab Mitte August bis Ende Oktober Früchte, sind madenfrei und ertragreich.

Japanische Weinbeeren *(Rubus phoenicolasius):* Die Japanische Weinbeere ist ein Hingucker im Kleingarten. Sie wächst rankend und besitzt feine, feste Stacheln. Die Blüten sind sehr dekorativ. Die kleinen himbeerähnlichen, süßen, dekorativen Früchte reifen in der zweiten Julihälfte bis August. Die Pflanze ist winterhart und eignet sich gut als fruchttragende Hecke für eine Abgrenzung oder Einzäunung. Die Früchte können sowohl roh gegessen als auch verarbeitet werden.

Jostabeeren: Sie sind aus dem Beerensortiment nicht mehr wegzudenken. Die Jostabeere ist eine Kreuzung zwischen Wildjohannisbeere und Stachelbeere. Sie sind starkwachsend und bringen traubige Fruchtständen hervor. Bewährte Sorten sind beispielsweise 'Jostine' und 'Jorganda'.

Beliebt bei Klein und Groß sind die süßen Früchte der **Erdbeeren**. Auf schwarzem Mulchvlies kultiviert, erntet man frühzeitig und unkrautfrei die schönsten Früchte.

Wer die Kultur von **Heidel- und Preiselbeeren** plant, muss den Boden zunächst bearbeiten. Als Moorbeetpflanzen gedeihen sie nur in saurem Boden (pH-Wert unter 5). Zum Düngen dürfen nur sauer wirkende Dünger verwendet werden.

Einfach beerig, unser Beerenobst

Die Auswahl an Beerensträuchern ist groß: Sowohl bei Johannisbeeren als auch bei Himbeeren gibt es weiße, gelbe und rote Sorten.

Die besten Beerensorten

Name	Beschreibung
Schwarze Johannisbeeren	
'Bona'	sehr gute Qualität der Beeren
'Ometa'	aromatische Früchte
'Titania'	lange Trauben mit großen schwarzen Beeren
'Veloy'	aromatische Früchte
Rote Johannisbeeren	
'Jonkheer van Tets'	gute Fruchtqualität; große rote Beeren
'Rolan'	sehr lange Trauben mit großen aromatischen Beeren
'Rovada'	säuerliche Beeren, späte Sorte
Weiße Johannisbeeren	
'Blanka'	wüchsig; spät reifend; große Beeren
'Weißer Versailler'	Liebhabersorte; vor allem für Frischverzehr
Stachelbeeren	
'Invicta'	hellgrüne, feste Früchte; guter Geschmack
'Captivator'	rotfrüchtig; stachellos; selbstfruchtbar
'Larell'	kaum Stacheln; süße, rote Früchte
'Redeva'	purpurrote, feste Früchte; robuste Sorte
'Rokula'	rote Früchte; robust; aromatisch
'Spinefree'	stachelarm; rote Früchte
Brombeeren	
'Navaho'	große, sehr aromatischen Früchte; aufrecht wachsend
'Loch Ness'	geschmacklich hervorragend; dornenlos
Himbeeren, Herbstsorten	
'Aroma Queen'	lange Erntezeit; hoher Ertrag; mittelspäte Himbeere
'Autumn Bliss'	ertragreiche, späte und gesunde Sorte
'Himbo-Top'	hohe Erträge; hocharomatisch; starkwüchsig
'Polka'	feines Aroma; gleich große Früchte
Himbeeren, Sommersorten	
'Glen Ample'	sehr große, mittelrote Früchte; hervorragendes Aroma; geringe Anfälligkeit für Fruchtfäule, Rutenkrankheit und Mosaikvirus
'Meeker'	dunkelrote Früchte mit sehr gutem Aroma; ertragreich
'Rubaca'	wenig anfällig für Fruchtfäule; hellrote Früchte
'Tulameen'	große Früchte mit hervorragendem Geschmack; robust
'Golden Queen'	gelbe Früchte; leicht zu pflücken
'Golden Bliss'	gelbe, große Früchte

In Hülle und Fülle – Gemüse verwerten

Wohin mit der Fülle an Obst und Gemüse? Mit einfachen traditionellen Methoden können Sie Ihre Ernte haltbar machen und noch im Winter davon profitieren. Probieren Sie es doch einfach aus!

Der eine stellt eine Kiste mit Gurken, Äpfeln oder Zucchini vor seine Gartentür, der andere friert Bohnen und Erdbeeren ein und kocht aus Rhabarber und Erdbeeren Marmelade. Johannisbeeren werden dampfentsaftet und zu Gelee verarbeitet und im Winter dient die Gartenlaube zur Lagerung von Äpfeln, Birnen oder Kürbissen.

Besitzt man einen Kleingarten, ist eine Tiefkühltruhe in der Wohnung eine feine Sache. Bohnen, Erbsen, Mangold, Spinat, Blumenkohl, Brokkoli oder Kohlrabi lassen sich sehr gut einfrieren, aber auch bei Zucchini hat man gute Erfolge. Der Vorteil: Dabei gehen kaum Inhaltsstoffe wie Vitamine und Mineralstoffe verloren. Meist ernten wir von unseren Stangen- und Buschbohnen mehr, als wir sofort verzehren können, dann werden die geernteten Hülsen gewaschen und die unschönen Enden entfernt. Die in beliebig große Stücke geschnittenen Bohnen werden nun für ca. fünf Minuten in kochendes Wasser gegeben. Sieben Sie die Bohnenstücke ab und brausen Sie die Bohnen mit kaltem Wasser ab. Nun füllt man sie portionsweise in Gefrierbeutel, und sobald sie etwas abgekühlt sind, kommen sie in die Tiefkühltruhe. Blaue Hülsen färben sich beim Kochen grün.

Ähnlich verfährt man auch mit anderen Gemüsearten.

Gesunde Babykost: Eltern und Großeltern können für Babys die erste Breikost aus selbst angebautem Gemüse selbst zubereiten und in kleinen Portionen tiefgefrieren. Geeignet sind neben Kartoffeln auch Karotten, Pastinaken, Kürbis und Zucchini. Dabei verarbeitet man größere Mengen an Gemüse eventuell mit einer Zugabe von Fleisch. Zum Auftauen gibt man jeweils eine Portion Brei über Nacht in den Kühl-

Praktischer geht es nicht: Hokkaidokürbisse können mit der Schale verwertet werden und eine Suppe ist schnell zubereitet. Wer viel Kürbisse angebaut und geerntet hat, kann sie frostfrei wochenlang lagern.

schrank und erwärmt diese kurz vor der Mahlzeit. In der Mikrowelle geht das Auftauen schneller. Aufgetauter Brei darf nicht mehr eingefroren und erhitzter Brei darf nicht mehr aufbewahrt werden.

Einlagern und vergraben

Wussten Sie, dass Sie einige Blattgemüse wie Chinakohl, Endivie, Radicchio, Weißkohl, Wirsingkohl oder Lauch einige Wochen in Kisten an einem dunklen, kühlen, aber trockenen Ort lagern können? Verwenden Sie zur Lagerung nur gesunde Pflanzen und entfernen Sie nur das Nötigste. Soweit die äußeren Blätter gesund sind, belässt man sie als Schutz für die Pflanzen vor weiteren Lagerkrankheiten. Empfehlenswert ist auch das Einwickeln der einzelnen Köpfe in altes Zeitungspapier.

Traditionell ist die Lagerung von Spätgemüse wie Knollensellerie, Möhren oder Rote Bete in Erdmieten oder in Holzkisten. Wichtig ist, dass Sie das Wurzelgemüse sehr spät ernten – also erst kurz vor dem Frost einlagern. Je nach Witterung liegt der Zeitpunkt zwischen Ende Oktober und Mitte November. Sie können dazu eine Holzkiste mit einer sauberen Folie auslegen und als erste Schicht sauberen Sand einfüllen. Nun geben Sie abwechselnd eine Schicht Wurzelgemüse, Sand, Wurzelgemüse usw. ein – bis die Kiste gefüllt ist. Die letzte Schicht bildet Sand. Diese Holzkisten bewahren Sie an einem kühlen, dunklen Ort auf.

In der Erde vergraben: Besitzen Sie einen Frühbeetkasten oder ein unbeheiztes Gewächshaus? Wenn Sie diese zur Lagerung verwenden wollen, heben Sie die Erde ca. zwei Spaten tief im Kasten bzw. Gewächshaus aus. Die Größe der Erdmiete ist abhängig von der Menge, die Sie einlagern wollen. Nun bringen Sie zum Schutz vor Mäusen ein engmaschiges Drahtgeflecht aus. Nach einer Schicht aus Stroh und Erde oder Sand füllt man das nicht gewaschene Wurzelgemüse lagenweise in die Erdmiete ein und umhüllt jede Schicht mit etwas Stroh und Erde oder Sand. Zum Schluss schließt man das Drahtgeflecht und deckt mit Stroh und Erde ab. Die Öffnung sollten Sie markieren, damit Sie diese problemlos und schnell wiederfinden.

Haben Sie eine alte, unbrauchbare Waschmaschine? Die Waschmaschinentrommel eignet sich ebenso gut zum Lagern von Wurzelgemüse. Graben Sie die Waschmaschinentrommel im Gemüsebeet ein und verfahren Sie wie beschrieben, indem Sie abwechselnd Sand, Wurzelgemüse, Sand usw. einfüllen. Die letzte Schicht muss Sand sein.

Da Spätgemüse wie Knollensellerie oder Gelbe Rüben im September noch beachtlich an Größe und Gewicht zunehmen, vergessen Sie das regelmäßige Gießen der Pflanzen nicht. Wichtig: Nur vollkommen gesundes Gemüse einlagern! Zudem dürfen Sie das Gemüse vor dem Einlagern nicht waschen. Blätter von Roter Bete, Knollensellerie und Möhren werden am besten mit den Händen abgedreht. Auch der beliebte Kürbis lässt sich lange Zeit lagern und aufbewahren. Hier ist es wichtig, dass die reifen, unbeschädigten Kürbisse frostfrei aufbewahrt werden. Hat man einen kühlen und luftigen Keller, kann man die Kürbisse dort trocken in Kisten einlagern. Aber Vorsicht vor zu feuchten Lagerbedingungen: Kürbisse beginnen dort schnell zu faulen.

Knollensellerie, Möhren, Bohnen und vieles mehr lässt sich vielseitig verwerten – ob als Mixed Pickles, Chutneys, Suppenwürze oder süß-sauer vergoren.

Die Laube im Nutzgarten

Die Laube ist – schon aufgrund ihrer Baumasse – das dominierende Element auf dem Grundstück. Für die meisten Kleingärtner ist sie darüber hinaus eine Herzensangelegenheit.

Nirgendwo wird mehr Zeit, Geld und Leidenschaft investiert als in das schmucke, zweckdienliche Gebäude – in die Gartenlaube. Ganz allgemein gilt dabei: Eine zurückhaltende Gestaltung der Laube ohne zu viel Zierrat passt am besten in einen Kleingarten. Meist wird sie mit viel Liebe zum Detail von den Besitzern gebaut und geschmückt.

Gesetzliche Vorgaben gibt es durch das Bundeskleingartengesetz: § 3 Abs. 2 des BkleingG sagt: »Im Kleingarten ist eine Laube in einfacher Ausführung mit höchstens 24 m² Grundfläche einschließlich überdachtem Freisitz zulässig. Sie darf nach ihrer Beschaffenheit, insbesondere nach ihrer Ausstattung und Einrichtung, nicht zum dauernden Wohnen geeignet sein.« Lauben sollten so ausgestattet und eingerichtet sein, dass nur ein vorübergehender Aufenthalt möglich ist. Die Nutzung einer Laube besteht sowohl in der Aufbewahrung von Geräten für die Gartenbearbeitung als auch in kurzfristigen Aufenthalten des Kleingärtners und seiner Familie aus Anlass von Arbeiten oder der Freizeiterholung im Garten.

Planerische Vorgaben variieren je nach Kleingartenanlage. In manchen Kleingartenanlagen gibt es überhaupt keine Vorgaben (außer den gesetzlichen), wie Sie ihre Laube zu gestalten haben. In der Regel wird es aber Vorschriften geben, die Ihre kreative Freiheit etwas einschränken, damit sich ein harmonisches Gesamtbild ergibt. Folgende Vorgaben sind möglich:

- Es gibt einen Bebauungsplan für die Anlage, in dem in Schrift und Plan Angaben über die Lage der Laube, die Maße, den Grenzabstand, die Höhe, die Dachneigung oder die zu verwendenden Materialien enthalten sind.
- Es gibt in Ihrer Stadt oder Gemeinde vorgegebene Typenlauben (in großen Städten auch als »Typenlauben-Katalog«, aus denen Sie auswählen können).
- Sie können ihre Laube zwar selbst entwerfen, müssen aber Baupläne (in reduzierter Form wie bei einem Wohnungshaus) beim Stadtgartenamt oder Bauamt zur Genehmigung einreichen und genehmigen lassen.
- Alternativ müssen Sie einen solchen Antrag beim Verpächter (sofern nicht die Stadt selbst) oder beim Zwischenverpächter (das ist in der Regel der Verein selbst) einreichen. Informieren Sie sich vorab.

Meist wird geregelt: das Baumaterial (Holz oder Stein), die maximale Größe von umbautem Raum und Freisitz, die Dachform und Dachneigung, die Art der Dachdeckung und die Art der Wandausbildung bzw. Wandverkleidung.

Lage auf dem Grundstück

Meistens steht schon eine Laube auf Ihrer frisch gepachteten Parzelle. Wenn Sie auf einer leeren Parzelle eine Laube neu errichten, dann gibt es einige Dinge, die Sie bezüglich des Standortes beachten sollten:

- Ausrichtung zur Sonne: Am besten stellen Sie die Laube im Norden oder im Nordosten der Parzelle auf, damit Sie die Sonne den ganzen Tag über nutzen können.
- Lage im Garten: Die geschickte Stellung der Laube hilft bei der Aufteilung des Gartens in verschiedene Nutzungsbereiche, z. B. Gemüsebeete, Obstwiese, Kinderbereich und Terrasse.
- Lage zum Nachbarn: Beachten Sie die Regelungen zum Mindestabstand zur Nachbarparzelle, die im Bebauungsplan oder in der Gartenordnung vorgeschrieben sind, meist zwischen 1,0 und 2,0 m. Man sollte zumindest bequem einmal um seine Laube herumgehen können.
- Lage zum Gemeinschaftsweg: Liegt die Laube nahe am Gemeinschaftsweg, benötigt man weniger Belagsflächen und hat kurze Wege; liegt sie weiter weg vom Gemeinschaftsweg, ist man ungestört.

Die Laube im Nutzgarten

Diese blau gestrichene Laube mit Rosenbogen (links) verbreitet nostalgisches Flair im Kleingarten. Elegant und zeitlos wirkt eine klassische Holzlaube wie im Bild unten.

Steinlauben sind fast unverwüstlich und verdienen es, erhalten und restauriert zu werden (Mitte). Mit handwerklichem Geschick und Gefühl für Raumbildung schafft man idyllische Gartensituationen aus Laube und Pflanzung (unten).

Eine einfache Holzbank am Gartenhaus lädt zum Verweilen ein – schön, wenn es zudem ein Platz an der Sonne ist.

Schritt für Schritt eine Laube bauen

Die Streifenfundamente aus Beton werden auf dem vorbereiteten Baugrund (verdichteter Rohboden bei gutem Baugrund bzw. Tragschicht bei schlechtem Baugrund) gesetzt.

Die Laube nimmt Form an: Wände, Türen und Fenster sind gesetzt, auf dem Dach wird eine Bitumenbahn als Dichtung verlegt.

Kanthölzer für den Bodenbelag werden im rechten Winkel zum Auflager auf dem Fundament verlegt. Darauf wird der eigentliche Bodenbelag aus Holzdielen verlegt.

Die Wand erhält eine hellgraue Lasur, farbliche Akzente bringen die in Blau gestrichenen Tür- und Fensterrahmen und die Fensterläden.

Die Stützkonstruktion und die Wände sind in diesem Fall identisch: 40 mm starke Vierkantbalken werden in Blockbauweise durch Nut und Feder verbunden und an den Eckausbildungen mittels Fräsungen kraftschlüssig verbunden.

Gute Details runden die fertige Laube ab: Hier ist eine sauber ausgeführte Kombination aus Holzterrasse, Kiestraufe und Wegeanschluss mit Betonsteinen zu sehen.

Konstruktion und Grundriss

Berücksichtigen Sie von Anfang an die Dimensionen der Möbel und Einrichtungsgegenstände, die Sie in der Laube unterbringen wollen. Die gängigsten Konstruktionsarten für Lauben sind folgende:

- der **Holzständerbau:** Eine Skelettbauweise aus fest miteinander verbundenen Holzbalken, welche den tragenden Rahmen bilden; ein- oder zweiseitige Brettschalungen (evtl. mit zwischenliegender Dämmung) schließen die Wandfläche,
- die **Holzblockbauweise:** Holzbalken ab einer Stärke von 40 mm (besser ab 60 mm) werden übereinandergeschichtet und kraftschlüssig verbunden; so wird zugleich die Wandfläche gebildet; die Statik entsteht durch die Schichtung der Balken,
- der **Massivbau** oder **Mauerwerksbau:** Hierbei sind die Steinziegel tragendes und zugleich wandbildendes Element. Die Kosten einer Steinlaube sind höher als die einer Holzlaube, dafür ist die Lebensdauer länger.

Der **Grundriss** der Laube richtet sich nach den Nutzungswünschen (z. B. Sitzen, Liegen, getrennter Lagerraum für Gartengeräte), der Dachform, der gewünschten Raumproportion (quadratisch, rechteckig, winkelförmig) und der Konstruktionsart. Bei einem Holzständerbau sollte z. B. die Wandlänge auf einen sinnvollen Stützenabstand von 60 bis 100 cm abgestimmt werden; bei einem Mauerwerksbau ist auf die gängigen Ziegelformate Rücksicht zu nehmen. Klassisch ist ein rechteckiger Grundriss im goldenen Schnitt (Verhältnis der Außenseiten von 1:1,7; in etwa wie ein DIN-A-4-Blatt).

Fundament und Fußböden

Eine Laube mit langer Lebensdauer sollte ein vernünftiges Fundament besitzen. Gängig sind drei Arten: einzelne Punktfundamente bei einer Ständerbauweise, zwei Streifenfundamente bei Ständer- und Blockbauweise (frosttief ausschachten, d. h. je nach Region 80 bis 120 cm tief) und – am besten – eine (bewehrte) Fundamentplatte (geeignet für alle Bauweisen).

Als Fußboden kommt in der Regel ein Holzfußboden oder ein Beton-Estrichfußboden in Frage, möglich sind aber auch Steinbeläge (Naturstein, Betonstein), Fliesen oder Linoleum.

Bei allen Bauweisen ist auf eine ausreichende Feuchtigkeitssperre zwischen Fundament und Bodenkonstruktion zu achten (Dachpappe oder Folie).

Das Dach

Es ist eine schier endlose Zahl von Kombinationsmöglichkeiten aus Dachformen, Dachneigung, Dachmaterialien und Zubehör möglich. Man unterscheidet:

- **Satteldach:** zwei gegeneinander geneigte Dachflächen
- **Pultdach:** nur eine geneigte Dachfläche
- **Flachdach** (Sonderform; → siehe S. 94)

Das Dach einer Kleingartenlaube wird in der Regel in Holzbauweise errichtet mit einer Rahmenkonstruktion aus Dachbalken, Sparren und Pfetten sowie Dachlatten (für die Ziegel) bzw. Schalungsbrettern (für die Dachpappe oder die Bitumenschindeln). Weitere Möglichkeiten sind Dachpappe, Schindeln aus Dachpappe oder Holz, Kupferblech oder verzinktes Stahlblech, Ziegel oder Natursteinplatten (z. B. Schiefer).

Weitere Ausstattung

Fenster mit Holzrahmen und Einfachverglasung reichen für eine Gartenlaube, die vorwiegend Sommerbetrieb hat, völlig aus. Gut und preisgünstig sind auch gebrauchte Fenster. Sie verleihen Ihrer Laube einen nostalgischen Charme und können als farblich abgesetzte Elemente starke Akzente setzen.

Die **Möblierung** und Ausstattung der Laube ist natürlich Geschmackssache: Im Hauptraum sind Tisch, Bank und Stühle auf jeden Fall nötig, ein Schrank oder eine Kommode empfehlenswert. Wer ab und zu gerne in der Laube übernachtet, braucht Sofa oder Bett. Dazu kommt eine Arbeitsplatte, um z. B. Obst und Gemüse zu schneiden. Praktisch ist ein getrennter Nebenraum für die Aufbewahrung der Gartengeräte.

Die **farbige Gestaltung** beeinflusst maßgeblich den Charakter und die Wirkung der Laube. Für große Wandflächen eignen sich neutrale, zurückhaltende, gebrochene Farben wie Cremeweiß, Beige oder Hellgrau. Für Einzelelemente wie Fenster, Türen oder Stützen können kräftigere Farben gewählt werden (Blau, Rot, Gelb). Dosieren Sie den Einsatz dieser kräftigeren Farben maßvoll! Verwenden Sie natürliche, ungiftige, ökologisch verträgliche Farben und Anstriche (z. B. mit dem Gütesiegel »Blauer Engel«!).

Konstruktiver Gebäudeschutz

Berücksichtigen Sie immer, dass die Laube so gebaut bzw. konstruiert ist, dass Witterungseinflüsse keine Bauschäden verursachen und vor allem die statische Unterkonstruktion und die Wände trocken bleiben. Dies bedeutet bei einer Gartenlaube in erster Linie, dass die Dachausbildung regen- und schneesicher ist. Ein Dachüberstand wie bei der klassischen Satteldach- oder Pultdachlaube ist hierbei von Vorteil, aber nicht unbedingt notwendig. Auch bei Flachdach-Konstruktionen kann der konstruktive Gebäudeschutz sichergestellt werden.

Seit 30 Jahren leben **Nursen und Necmi Yilmaz** in Deutschland und von Anfang an war der Wunsch nach einen Kleingarten groß. Im Jahr 2004 war es endlich soweit und nun wachsen im Kleingarten türkische Bohnen, Portulak und viele Tomaten.

Echte Kleingärtner

In Bayern zu Hause

Sich eine neue Heimat schaffen – dieses Ziel verfolgen viele Menschen. Ob neu in einem Land oder einer Region: Mit einem Stück Land, das man bewirtschaftet, und netten Menschen drumherum geht es leichter.

Am Eingang des Kleingartens von Familie Yilmaz aus der Türkei stehen zwei Löwenfiguren. Irgendwie denke ich an Fußball! So falsch liege ich nicht und ein wenig später werde ich aufgeklärt: Der Fußballverein »GS Istanbul« hat den Löwen als Symbolfigur und die dazugehörige Fußballflagge weht auf dem Fahnenmast. Seit fast 30 Jahren leben Herr und Frau Yilmaz in Deutschland und von Anfang an hatte Herr Yilmaz den Wunsch, einen Garten zu bewirtschaften. Die Kleingärten in der nahen Umgebung waren neu angelegt und aus diesem Grunde noch zu teuer – die Alternative, einen Krautgarten zu bewirtschaften, ohne Laube, war nicht das geeignete. So vergingen viele Jahre – aber dann wurde der Traum wahr: Seit 6 Jahren sind sie nun mit Leib und Seele Kleingärtner. Neben vielen Blumen wachsen auf den Gemüsebeeten Bohnen, Tomaten, Gurken, Auberginen und Portulak. Die geernteten Stangenbohnen sind nur 15 cm lang und ziemlich dünn – eine türkische Sorte sagt Frau Yilmaz. Am liebsten bereitet Sie damit folgendes Rezept zu: Zwiebel und Tomaten klein schneiden und in Olivenöl andünsten, dann die klein geschnittenen Bohnen dazugeben. Eine Prise Zucker, Salz und Pfeffer darüberstreuen und im eigenen Saft gar kochen. Nun drei bis vier Eier darüber geben, mit der Gabel nur leicht durchziehen und stocken lassen. Dieses Bohnengericht schmeckt kalt und warm sehr gut. Wer mag, kann noch Knoblauch und Paprika dazugeben. Über ein neues Rezept freue ich mich immer wieder und auch über den türkischen Tee, der mir in kleinen tulpenförmigen Gläsern gereicht wird. Er wird traditionell im »Samowar« zubereitet, der auf der Terrasse vor der Laube seinen Platz gefunden hat. In ihrer Kleingartenanlage wurden sie von Anfang an herzlich aufgenommen, so erzählen mir Herr und Frau Yilmaz, und man fühle sich sehr wohl. Im Kleingartenverein ist Herr Yilmaz – der »bayerische Türke« wie er in der Anlage heißt – mittlerweile ein gefragtes Mitglied in der Schätzungskommission des Vereines. In dieser Funktion hat er auch schon bei einigen Gartenbewertungen mitgewirkt.

Ein herzliches »Grüß Gott«

So werde ich von Frau Kraft begrüßt und dabei bin ich fast 400 km von München entfernt – nämlich in Aschaffenburg. Ja und nicht nur der Dialekt verrät die Herkunft von Frau

Kopfüber wächst diese Tomate im Kleingarten von Familie Kraft.

Kraft, auch die Laube ist für diese Gegend untypisch; eine Laube, wie man sie vor allem von Oberbayern kennt: außen mit Wasserschlagbretter verkleidet, Satteldach mit Ziegelabdeckung und im Inneren eine gemütliche Eckbank mit einem großen Esstisch. Vor dem Freisitz blühen in Balkonkästen unermüdlich blaue und weiße Petunien. Frau Kraft kennt das Erfolgsrezept: Die Pflanzen setzt sie immer in gute Qualitätserde, im Sommer gießt sie fleißig und düngt regelmäßig. Seit 40 Jahren ist Frau Kraft nun Kleingärtnerin. Auf einem Bauernhof in Oberbayern aufgewachsen und der Liebe wegen in die Ferne gezogen, fehlte ihr in der Stadt bald ein Stück Grün. Im Kleingarten fand sie schnell Gleichgesinnte und eine neue Heimat. Frau Kraft meint, neben dem Gärtnern sind das »Sich-Wohlfühlen und der seelische Friede« das Wichtigste. Dazu gehören auch die Dinge, die Sie an die oberbayerische Heimat erinnern – wie eben die Laube und das Weihwasser am Eingang.

Der Garten selbst ist ein klassischer Nutzgarten: Im vorderen Drittel wird entlang dem Hauptweg Gemüse angebaut, dann folgen ein gepflegter Rasen mit kleinen Obstbäumen und im Hintergrund die Satteldachlaube. Die Kartoffeln stehen in Reih und Glied. Übrige Kartoffeln von der letzten Saison werden von Herrn und Frau Kraft im Frühjahr zu Hause in Styroporkisten auf Erde herangezogen und im Frühjahr dann ins Freie gepflanzt. Die selbst angebauten Kartoffeln reichen dann genau bis nächstes Jahr. Unkrautfrei – und das alles mechanisch! Für die geprüfte Kleingartenfachberaterin und ihren Mann ist der Verzicht auf Pflanzenschutzmittel selbstverständlich. So bauen sie ihre Zwiebeln unter einem Insektenschutznetz an und schützen die Pflanzen wirksam gegen die Schäden von Zwiebelfliegen. Wirsing und Kohlrabi kultiviert das Ehepaar ebenfalls unter einem Netz, in diesem Falle wegen der Tauben. Auch Neues finden wir: Am Freisitz befestigt ist eine Hängeampel aus Amerika, in der eine Buschtomate mit den Wurzeln nach oben eingepflanzt wurde und prächtig gedeiht. So sitzen wir gemütlich auf der Eckbank, genießen Presssack und Leberwurst, fachsimpeln und fühlen uns einfach nur wohl.

Seit 40 Jahre bewirtschaften **Heidi und Peter Kraft** einen Kleingarten. Ein Stück Grün in der Stadt selbst anzubauen und zu gestalten, das war der Wunsch. Gleichgesinnte zu finden und sich eine neue Heimat zu schaffen, war dann leicht.

Der Kleingarten als Ökogarten

Gartenpläne für Ökogärten	62
Die Trockenmauer – ein Refugium	68
Der Gartenteich – überall beliebt	70
Naturnahe Wege und Materialien	72
In die Höhe gebaut – Hochbeete und Hügelbeete	76
Gut geschützt auf natürliche Art	78
Wildobst und seltene Obstarten	84
Kräuter – auf die Würze kommt es an	86
Ganz wild – Unkräuter, Beikräuter und Wildkräuter	90
Blumig gebettet – traumhafte Blumenwiese	92
Ökologische Lauben	94
Echte Kleingärtner	96

62 Der Kleingarten als Ökogarten

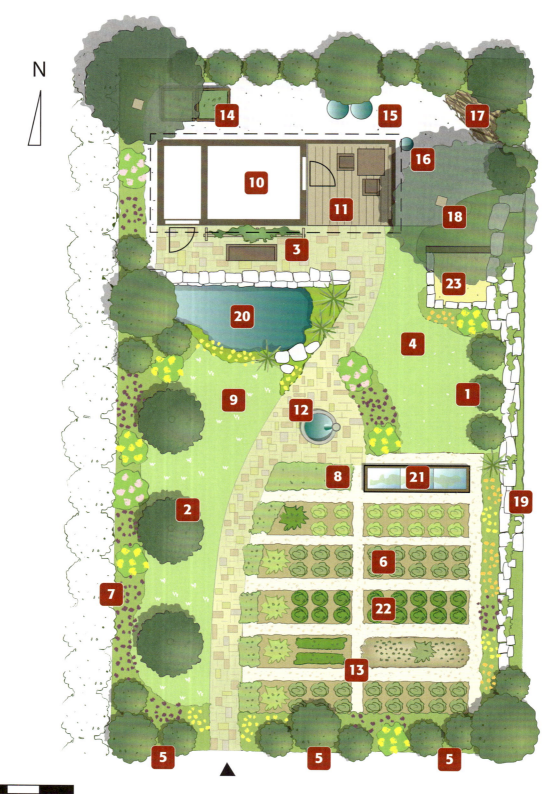

Vielfalt auf kleinstem Raum

Wenn Sie wenig Platz, aber viel Lust auf ökologisches Gärtnern haben, dann ist dieser Garten genau das Richtige für Sie! Dieser Mustergarten wurde für die Landesgartenschau Memmingen 2000 entwickelt und gebaut. Vorgabe war, trotz des kompakten Grundrisses von nur 12 x 20 m (= 250 m²) eine möglichst große Vielfalt an naturnahen Elementen unterzubringen.

Stellen Sie sich vor, Sie sind Besucher in diesem Garten: Es ist ein warmer Sommertag, der Himmel ist wolkenlos blau. Der sanft geschwungene Weg, befestigt mit gebrauchten Beton- und Natursteinen, führt Sie vom Eingang zur Laube aus unbehandeltem Kiefernholz. Sie werden von einem einladenden Freisitz empfangen, an dessen rechter Seite ein Birnenhochstamm seine Äste ausbreitet und einem kleinen Sandspielplatz Schatten spendet. An einem der Äste hängt ein Nistkasten, dahinter entdecken Sie einen Totholzhaufen, in dem sich ein Igel verstecken mag. Vor der längs gestreckten, eleganten Pultdachlaube bietet ein sonniger Sitzplatz an einem kleinen Teich Raum für Muße und Erholung. Sie setzen sich auf die Bank und Ihr Blick streift durch den Garten: Rechterhand blicken Sie über eine kräuterreiche Wiese mit drei Obstspindelbüschen. Die Äpfel beginnen schon zu reifen und Schmetterlinge tanzen über den Blumen. Die Gartengrenze wird hier durch einen lockeren Wildstaudensaum mit niedrigen Ziersträuchern gebildet. Im Zentrum des Gartens sehen Sie die Wasserschöpfstelle. Sie ist aus einem großen Schachtring hergestellt, wie er im Kanalbau üblich ist, und vom Gartenbesitzer mit Ornamenten verziert. Dahinter dehnen sich die in Mischkultur bestückten und von Kräuterpflanzungen eingefassten Gemüsebeete aus. Linker Hand

begrenzt eine hüfthohe Trockenmauer aus Kalkbruchsteinen die Parzelle, aus deren Ritzen und Spalten Steingartenstauden üppig wuchern. Vor der Mauer tragen Beerensträucher mit roten und schwarzen Johannisbeeren reiche Ernte. Eine Eidechse huscht durch den Schlagschatten des Mäuerchens, die Kräuter duften schwer in der warmen Sommersonne. Sie atmen tief durch und möchten am liebsten den ganzen Tag hier sitzen bleiben. Ach, wäre es nur Ihr Garten!

1 BEERENSTRÄUCHER	→ siehe ab S. 50	
2 OBSTSPINDELN	→ siehe ab S. 46	
3 BIRNENSPALIER		
4 RASEN	→ siehe ab S. 128	
5 ROSEN	→ siehe ab S. 118	
6 GEMÜSEBEETE	→ siehe ab S. 40	
7 STAUDEN	→ siehe ab S. 122	
8 KRÄUTER	→ siehe ab S. 86	
9 WILDBLUMENWIESE	→ siehe ab S. 92	
10 GARTENLAUBE	→ siehe S. ab 94	
11 TERRASSE (Recyclingmaterial)	→ siehe ab S. 35, 72	
12 BRUNNEN	→ siehe ab S. 30	
13 KIESWEGE	→ siehe ab S. 72	
14 KOMPOST	→ siehe ab S. 38	
15 PFLANZENJAUCHEN		
16 REGENWASSERTONNE	→ siehe ab S. 30	
17 REISIGHAUFEN, TOTHOLZ	→ siehe ab S. 83	
18 NISTKASTEN		
19 TROCKENMAUER	→ siehe ab S. 68	
20 TEICH	→ siehe ab S. 70	
21 FRÜHBEET	→ siehe ab S. 40	
22 HÜGELBEET	→ siehe ab S. 76	
23 SANDKASTEN		

Weitere verwandte Themen:
Mischkultur (→ siehe S. 78), Mulchen (→ siehe S. 36), robuste Gemüsesorten (→ siehe S. 78), Insektenschutznetz (→ siehe S. 79).

64 Der Kleingarten als Ökogarten

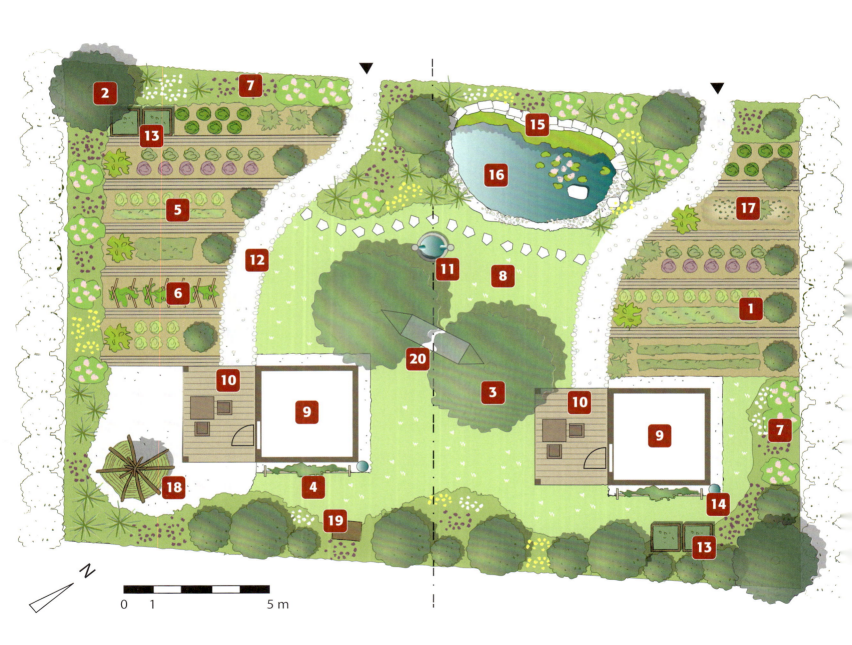

Ökogärtnern im Doppelpack

Mögen Sie es gesellig beim ökologischen Gärtnern? Dann sollten Sie sich von diesem Experiment inspirieren lassen! Dieser Gemeinschaftsgarten wurde als Mustergarten für die Bundesgartenschau München 2005 geplant und gebaut. Der Garten ist als Kombination zweier benachbarter Parzellen mit einer Gesamtgröße von 25 x 19 m (475 m²) konzipiert. Und für den Fall der Fälle: Die Gärten können jederzeit wieder getrennt werden und einzeln bestehen.

Sind sie ein überzeugter Bio-Fan? Haben Sie eine große Familie mit vielen Verwandten oder Freunde, die genauso denken wie Sie? Dann tun Sie sich mit ihnen zusammen und gestalten Sie einen Ökogarten, der es in sich hat: Mischkulturen, alte Sorten, Rosen aus biologischem Anbau, Nisthilfen, Teichbiotop, Trockenmauer, Insektenhotel, Kompostwirtschaft, Wildsträucher, Blumenwiesen und ökologisch korrekte Materialien wie heimische Hölzer und Kieselsteine. Das alles macht den Partnergarten zu einem ökologischen Experimentierfeld, das nicht nur den Erwachsenen, sondern vor allem auch den Kindern Riesenspaß macht.

Blickfang beim Betreten des Gartens sind die beiden Apfelhochstämme an der Schnittstelle der Einzelparzellen. Sie sind so angeordnet, dass man zwischen ihnen eine Hängematte spannen kann. Diese Hängematte ist ein schönes Symbol für das gemeinsame Ziel, das Sie und Ihr Nachbar in Angriff nehmen wollen, und gleichzeitig ein wunderbarer Ort, um sich von der schweißtreibenden Gartenarbeit zu erholen und die Seele baumeln zu lassen.

Originell ist die Wegebefestigung mit Katzenkopfpflaster, einer Mischung aus Rundsteinen und einem Sand-Kies-Gemisch zum Befüllen der Zwischenräume. Zum Spielen für Klein und Groß lädt das Weidentipi im Hintergrund des Gartens ein. Und für heimische Pflanzen und Tiere besonders wertvoll ist eine Kombination aus dem Teich und einem Trockenmäuerchen.

Abends dann gibt es ein gemeinsames Bier mit den Nachbarn und – wenn die Sonne hinter den Lauben untergeht – die Gewissheit, dass es zusammen noch mal so schön ist, ökologisch korrekt seinen Garten zu bewirtschaften!

1	BEERENSTRÄUCHER	→ siehe ab S. 50
2	OBSTHALBSTAMM	→ siehe ab S. 46
3	KIRSCHBAUM	
4	SPALIER	→ siehe ab S. 112
5	GEMÜSEBEETE	→ siehe ab S. 40
6	BOHNEN	→ siehe ab S. 40
7	STAUDEN	→ siehe ab S. 122
8	WILDBLUMENWIESE	→ siehe ab S. 92
9	GARTENLAUBE	→ siehe S. ab 94
10	TERRASSE (Recyclingmaterial)	→ siehe ab S. 35, 72
11	BRUNNEN	→ siehe ab S. 30
12	KATZENKOPFPFLASTER	→ siehe ab S. 72
13	KOMPOST	→ siehe ab S. 38
14	REGENWASSERTONNE	→ siehe ab S. 30
15	TROCKENMAUER	→ siehe ab S. 68
16	TEICH	→ siehe ab S. 70
17	HÜGELBEET	→ siehe ab S. 76
18	WEIDENTIPI, FEUERBOHNE	
19	WILDBIENEN-NISTHILFE	→ siehe ab S. 78
20	HÄNGEMATTE	

Weitere verwandte Themen:
Mischkultur (→ siehe S. 78), unbekanntes Gemüse (→ siehe S. 44), Wildkräuter (→ siehe S. 90).

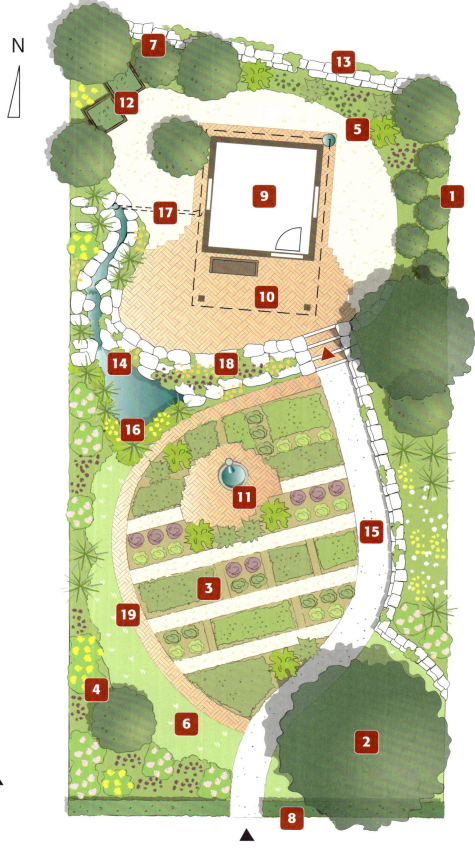

Alles organisch – gestalten wie die Natur

Wenn Sie das freie Formenspiel der Natur lieben und gerade Kanten nicht mögen, wenn Sie nicht nur ökologisch gärtnern, sondern auch so gestalten wollen, dann schauen Sie sich diesen Plan genauer an! Mit Außenmaßen von 11,5 x 26,0 m (ca. 300 m²) handelt es sich um einen Kleingarten mittlerer Größe, wie er in vielen Anlagen üblich ist und Ihnen als Grundlage dienen kann.

Als im Jahr 1996 die bayerische Landesgartenschau in Amberg in der Oberpfalz ausgerichtet wurde, war eine ganze Kleingartenanlage mit über hundert Gärten integriert. Das Stadtplanungsamt konzipierte diesen Garten als Ausstellungsbeitrag und ökologischen Mustergarten. Das Zentrum des Gartens bilden die Gemüsebeete, deren Form an ein Lindenblatt erinnert. Ein mit Klinkersteinen befestigter Brunnenplatz bildet das »Gelenk« des Nutzgartens, um den herum schräg verlaufende, parallele Wege den Beetbereich gliedern. Sie sind mit Rindenmulch abgedeckt und durch Rundhölzer begrenzt. Seitlich daran vorbei windet sich ein Weg zum Laubenplatz. Er wird durch eine Rollschicht aus Klinkersteinen eingefasst und ist mit einer wassergebundener Decke befestigt. Der Laubenplatz sitzt um etwa 50 cm erhöht gegenüber dem vorderen Gartenbereich. Die Böschung wird durch einige lockere Reihen aus Kalkbruchsteinen abgefangen, Stellstufen aus gebrauchten Granitbordsteinen führen zur Laube hoch. Der Platz um die historische Laube ist nach Süden hin mit gebrauchten Ziegeln befestigt, der Umgangs- und Arbeitsbereich um die Laube herum flächig mit Rindenmulch abgedeckt. Schönes Detail: Das Regenwasser vom Dach und vom Vorplatz der Laube wird in einen Abflussgraben eingeleitet, der in einen kleinen Teich am Fuß der Kalksteinböschung mündet und Wasser für die Gartenbewässerung zwischenspeichert. Trinkwasser aus der Leitung wird so gespart. Gleichzeitig entwickelt sich die Wasserfläche im Laufe der Zeit zum Feuchtbiotop mit Wasserrandstauden und Röhricht. Die hohe Böschung an der Rückseite des Gartens wird durch eine Trockenmauer abgefangen. Von Ihrem leicht erhöhten Standpunkt aus blicken Sie grimmig-zufrieden auf das wilde, dynamisch-organische Formenspiel Ihres Gartens, das so gar nichts von einem klassischen Kleingarten hat. Sie fühlen sich wie ein Rebell, der weiß, dass er recht hat.

1 BEERENSTRÄUCHER → siehe ab S. 50
2 OBSTBAUM → siehe ab S. 46
3 GEMÜSEBEETE → siehe ab S. 40
4 STAUDEN → siehe ab S. 122
5 KRÄUTER → siehe ab S. 86
6 WILDBLUMENWIESE → siehe ab S. 92
7 WILDOBST → siehe ab S. 84
8 NIEDRIGE HECKE
9 GARTENLAUBE → siehe ab S. 94
10 TERRASSE (Klinker, Mulch) → siehe ab S. 35, 72
11 BRUNNEN → siehe ab S. 30
12 KOMPOST → siehe ab S. 38
13 TROCKENMAUER → siehe ab S. 68
14 TEICH (mit Uferbepflanzung) → siehe ab S. 70
15 WASSERGEBUNDENE DECKE → siehe ab S. 72
16 FEUCHTBIOTOP
17 LEITUNG DACHENTWÄSSERUNG → siehe S. 30
18 KALKBRUCHSTEINE → siehe S. 68
19 KLINKERBELAG → siehe S. 32, 72

Weitere verwandte Themen:
Wildkräuter (→ siehe S. 90), Schwimmpflanzen (→ siehe S. 71), Anbauplanung (→ siehe S. 78), gesundes Obst (→ siehe S. 82).

Die Trockenmauer – ein Refugium

Eine Trockenmauer hat nicht nur einen hohen ökologischen und ästhetischen Wert, sie kann und soll auch ganz konkrete, praktische Funktionen im Garten ausüben. Ein schönes Gestaltungsdetail mit Nutzwert!

Wer ein abschüssiges Grundstück besitzt und Stützwände braucht, um ebene, gut nutzbare Flächen zu erhalten, sollte anstelle von Betonmauern oder von Schichtmauerwerken mit Mörtelfugen eine Trockenmauer wählen. Eine Trockenmauer kann alternativ als freistehende Trockenmauer gebaut werden. Eine solche Mauer ist auch auf einer völlig ebenen Parzelle möglich. Wenn man sich aus ökologischen Gründen für diesen freistehenden Typ entscheidet, sollte man dies auf jeden Fall in einem funktionalen oder gestalterischen Kontext tun, z. B. als Umfassung der Terrasse, als Kräuterbeet (→ siehe S. 86) in der Nähe der Gemüseanbauflächen oder als »Gemüse-Hochbeet« oder als Parzellenbegrenzung (sofern nach der Gartenordnung zulässig).

Grundregeln fürs Bauen

Eine Ausrichtung nach Süden oder Südwesten ist am besten, um den an diesen steinigen Standort angepassten Pflanzen und Tieren die benötigten warmen und trockenen Lebensbedingungen anzubieten.

Als **Baumaterial** eignen sich am besten Sediment- oder Schichtgesteine wie Kalk (Solnhofer Schiefer) oder Sandstein. Aber auch Hartgesteine wie Granit oder Basalt lassen sich bei entsprechender (allerdings sehr aufwendiger) Bearbeitung verwenden. Künstlich hergestelltes Steinmaterial wie Ziegel oder Betonformsteine ist aufgrund der gleichmäßigen Steingrößen nur wenig geeignet. Hingegen ergeben sich sehr schöne Mauerbilder, wenn man verschiedene Gesteinsarten, am besten als gebrauchtes Material, miteinander kombiniert. Letztere Methode kann vor allem für den naturnahen Kleingarten im Sinne eines Material-Recyclings besonders empfohlen werden – allerdings sind hierfür schon ein gewisses handwerkliches Geschick, etwas Geduld und ein gutes Auge für Proportionen notwendig.

Das **Verhältnis** von Mauerfuß zu Mauerhöhe sollte etwa 1 : 3 betragen. Die Fußbreite sollte 30 cm nicht unterschreiten. Die **Steine** werden ohne Mörtel mit einer leichten Neigung nach innen bzw. hinten aufeinandergesetzt; wobei eine

Eine Trockenmauer ist ein Refugium für wärme- und trockenheitsliebende Pflanzen und Tiere. Daher müssen Sie auch die Ausrichtung der Mauer und die Umgebung so gestalten, dass Licht und Sonne wirken können.

Nachbearbeitung des gelieferten Materials vor Ort mit einem Hammer unerlässlich ist. Die Neigung – der sogenannte Anlauf – beträgt je nach Höhe der Mauer 1:6 bis 1:4. Die Steine werden immer lagerhaft, d. h., mit der längeren Seite nach unten und niemals hochkant gesetzt. Ca. 1/3 der Steine, die sogenannten Binder, laufen als stabilisierendes Element durch die gesamte Mauerbreite hindurch.
Die **Fugen** werden möglichst eng gehalten und mit kleinen Steinen »ausgezwickelt«. Sie dürfen in senkrechter Richtung nicht durchlaufen. Alle Hohlräume und Fugen, auch die der Rückwand der Mauer, werden während des Aufbaus sorgfältig mit lehmig-sandiger Erde ohne großen Humusanteil gefüllt. Um das Ausschwemmen der Erde zu verhindern, sollten »Taschen« ausgebildet werden, d. h., der unten liegende Stein wird mit starker Neigung nach innen (1:3 bis 1:1) gesetzt.
Ein **Fundament** ist für Mauern ab einer Höhe von ca. 40 bis 50 cm notwendig. Es wird bei stabilem Baugrund aus einem Splitt-Schotter-Gemisch 0/45 oder 0/32, bei instabilem Untergrund aus Beton B15 hergestellt. Das Mauerwerk sollte dabei mindestens 10 bis 20 cm in den Boden eingebunden sein. Eine Hinterfütterung der Mauer mit einer **wasserdurchlässigen Dränschicht** (z. B. Splitt-Schotter 8/32), evtl. auch zusätzliche Schichten wie ein Geotextil zwischen anschließendem Gelände und dem Dränkörper sind – sofern die Mauer als Stützmauer eingesetzt wird – zu empfehlen. Sie sichern eine lange Lebenszeit und eine optimale Funktionsfähigkeit der Trockenmauer.

Neben der praktischen Funktion der Geländeabstützung erfüllt eine Trockenmauer auch einige wichtige **ökologische Funktionen.** Da sie viele Gemeinsamkeiten mit natürlichen Felsstandorten aufweist, bietet sie an der sonnenbeschienenen Südseite zahlreichen wärme- und trockenheitsliebenden Pflanzen und Tieren Lebensraum, z. B. diversen Insektenarten (Grabwespen, Wildbienen), Reptilien, Amphibien, Spinnen, Vögeln, Kräutern wie Thymian, Oregano, Anis und Lavendel, aber auch vielen Gräsern, Wildstauden und Steingartenpflanzen.

Trockenmauer für Anfänger

Die reduzierte Version der Trockenmauer ist der **Steinwall**. Hierbei werden einfach Bruchsteine unterschiedlicher Größe (ca. 15 bis 50 cm) zu einem etwa 1,0 m breiten und 30 bis 40 cm hohen Wall aufgeschüttet. Zwischen den Steinen sollten dabei möglichst große Hohlräume verbleiben. Das Material ist nebensächlich, man kann verwenden, was anfällt, auch sortierten Bauschutt oder eine Mischung aus Betonsteinen und Natursteinen sind möglich. Der ökologische Nutzen eines Steinwalls steht dem der Trockenmauer nicht nach, im Gegenteil: Durch die etwas größeren Zwischenräume bietet ein Steinwall auch Tieren Platz, für die eine Trockenmauer nicht als Lebensraum oder Unterschlupf geeignet ist, z. B. dem Igel oder der Spitzmaus.

In den breiteren Fugen am Mauerkopf finden Kräuter und Steingartenpflanzen ausreichend Platz zum Wachsen. Schön sind überhängend wachsende Arten.

Pflanzen für die (sonnige) Trockenmauer

Stauden: Steinkraut *(Alyssum)*, Gänsekresse *(Arabis)*, Alpen-Aster *(Aster alpinus)*, Blaukissen *(Aubrieta)*, Glockenblumen *(z. B. Campanula carpatica, C. portenschlagiana)*, Pfingstnelke *(Dianthus gratianapolitanus)*, Felsenblümchen *(Draba aizoides)*, Steinbrech *(Saxifraga)*, Fetthenne *(z. B. Sedum album, S. reflexum, S. spurium)*, Dachwurz *(Sempervivum)*

Gehölze: Hornnarbe *(Ceratostigma plumbaginoides)*, Stauden-Waldrebe *(Clematis x jouiniana)*, Seidelbast *(Daphne arbuscula)*, Schleifenblume *(Iberis sempervirens)*, Lavendel *(Lavandula angustifolia)*, Heiligenkraut *(Santolina)*

Der Gartenteich – überall beliebt

Nicht ganz einfach in der Erstellung, aber eine schöne und ökologisch hochwertige Kombination: ein Teich mit Trockenmauer. Hier entscheidet die richtige Bautechnik über den Erfolg.

Nimmt man die Häufigkeit, mit der ein Gestaltungselement im Gartenbereich eingesetzt wird, als Maßstab für seine Beliebtheit, so steht bei Gartenbesitzern der Teich unbestritten an erster Stelle der Skala.

Die Faszination des Gartenteichs liegt sicherlich darin, dass mit der Wasserfläche ein völlig neuer Lebensraum im Garten geschaffen wird. Mit seinem Potenzial an attraktiven und interessanten Tier- und Pflanzenarten erfüllt er nicht nur wichtige ökologische Funktionen, sondern besitzt zugleich einen hohen Erlebnis- und Erholungswert.

Tipps zum Teichbau

Standort: Er sollte so gewählt werden, dass der Teich vier bis sechs Stunden am Tag von der Sonne beschienen wird (lichtschattiger bzw. halbschattiger Bereich) und nicht direkt unter Laubbäumen liegt (Achtung: sonst Nährstoffeintrag durch hineinfallendes Laub).

Größe: Ein Gartenteich sollte aus gestalterischen und ökologischen Gründen nicht kleiner als 5 m², vom Standpunkt der kleingärtnerischen Nutzung her nicht größer als max. 12 m² sein. Wenn keine sicherheitstechnischen Gründe dagegen sprechen (→ siehe S. 15), sollte eine Maximaltiefe von 80 bis 100 cm gewählt werden.

Abdichtung: Der Teichgrund ist in der Regel nicht ausreichend dicht. Als künstliche Abdichtung kommen im naturnahen Kleingarten Betonbecken, Plastikwannen oder Asphaltdichtungen nicht in Frage. Ideal wäre eine Ton- oder Lehmdichtung, auch in Form von vorgefertigten Tonziegeln. Der Einbau ist aber sehr zeitaufwendig und fachlich anspruchsvoll. So verbleibt als sinnvolle Alternative die **Foliendichtung.** Folien sind billig, einfach zu verlegen und gestatten eine sehr flexible Erdmodellierung. Zur Abdeckung der

Folie sollte kein nährstoffreiches Substrat eingebracht werden. Am besten eignet sich ein Sand-Kies-Gemisch im Körnungsbereich von 0 bis 32 mm. Wichtig ist auch ein sauberer Abschluss beim Verlegen der Folie. Sie sollte einerseits ausreichend weit über den Wasserspiegel hinausgezogen werden, um die Dichtheit des Beckens zu gewährleisten. Andererseits sollte sie nicht sichtbar sein, da dies gestalterisch unbefriedigend ist.

Form: Die Grundform und die Höhenentwicklung sollten möglichst dem vorhandenen Gelände angepasst werden. Eine unregelmäßige, der Natur nachempfundene Uferlinienführung und eine im Profil abgestufte Anlage nach Sumpfzone (0–25 cm), Flachzone (25–45 cm) und Tiefzone (40–100 cm) eignet sich am besten für den naturnahen Kleingarten. Der Teich sollte an allen Seiten flache Ufer mit einem Gefälle von 1:4 bis 1:10 und einer Breite von mindestens 1,0 m aufweisen. Ein Gefälle von 1:4 bedeutet, dass ein Höhenunterschied von einem Meter sich auf vier Meter Länge verteilt. Der eigentliche Tiefwasserbereich kann dann steiler angelegt werden (nicht über 1:2!).

Pflanzsubstrat: Wenn Pflanzen frei in ein auf die Folie aufgebrachtes Pflanzsubstrat eingebracht werden, ist ein kleiner Gartenteich schon nach einigen Jahren zugewachsen. Besser geeignet sind deshalb Pflanzgefäße, die aus optischen Gründen in die Sand-Kiesschüttung eingegraben werden sollten.

Tiere: Bei fachgerechter Gestaltung und Bepflanzung stellen sich Tiere wie Libellen, Wasserläufer oder Frösche von selbst ein. Ein Besatz ist also nicht notwendig und auch nicht ratsam (viele Wassertiere stehen unter Naturschutz). Auf Fische sollte man nach Möglichkeit ganz verzichten. Vor allem die gefräßigen Goldfische vertilgen die Eier und Larven von Amphibien und Wasserinsekten und überdüngen das Wasser mit Kot und nicht verwerteten Fischfutterresten.

Algen: Algenbildung ist in den ersten Jahren nach der Neuanlage eines Teiches normal. Nach ca. drei bis fünf Jahren pendelt sich in dem Kleingewässer von selbst ein ökologisches Gleichgewicht ein und die Algen verschwinden wieder. Alle Verhütungsmethoden, ob es nun Torfballen oder Roggenstrohballen sind, haben sich in der Praxis letztendlich als wenig effektiv erwiesen. Am besten hat man Geduld und fischt nur vorsichtig die oben aufschwimmenden Algen ab. Auf keinen Fall sollte man chemische Mittel einsetzen, diese stören oder zerstören die Teichflora und -fauna.

Pflanzenauswahl für den Gartenteich

Uferrand
Stauden: Günsel (*Ajuga reptans*), Wiesen-Margerite (*Chrysanthemum leucanthemum*), Mädesüß (*Filipendula vulgaris*), Felberich (*Lysimachia vulgaris*)
Gehölze: Weide (z. B. *Salix alba, S. purpurea*), Roter Hartriegel (*Cornus sanguinea*), Pfaffenhütchen (*Euonymus europaeus*), Eberesche (*Sorbus aucuparia*)

Uferzone (wechselfeuchter Wasserstand)
Kuckucks-Lichtnelke (*Lychnis flos-cuculi*), Pfennigkraut (*Lysimachia nummularia*), Sumpf-Vergissmeinnicht (*Myosostis palustris*), Bachbunge (*Veronica beccabunga*)

Sumpfpflanzenzone (ständiger Wasserstand bis ca. 20 cm)
Sumpfdotterblume (*Caltha palustris*), Sumpf-Schwertlilie (*Iris pseudacorus*), Fieberklee (*Menyanthes trifolia*), Wollgras (*Eriophorum vaginatum*), Froschlöffel (*Alisma platago-aquatica*), Pfeilkraut (*Sagittaria sagittifolia*)

Röhrichtzone (Wassertiefe bis 50 cm)
Hechtkraut (*Pontederia cordata*), Breitblättriger Rohrkolben (*Typha latifolia*), Blumenbinse (*Butomus umbellatus*), Tannenwedel (*Hippuris vulgaris*)

Schwimmpflanzen (Wassertiefe 30–100 cm)
Seekanne (*Nuphar lutea*), Seerose (*Nymphaea alba*), Schwimmendes Laichkraut (*Potamogeton natans*), Wasserknöterich (*Polygonum amphibium*), Froschbiss (*Hydrocharis morsus-ranae*; schwimmend)

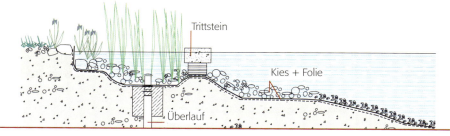

Naturnahe Wege und Materialien

Im ökologischen Kleingarten sollte man so wenig Fläche wie möglich versiegeln. Beachten Sie deshalb einige Besonderheiten für die Erschließung Ihres grünen Paradieses, damit es keine Steinwüste wird.

Die wichtigste Maßnahme ist tatsächlich die Vermeidung von überflüssigen Belagsflächen. Bestimmte Bereiche im Garten müssen natürlich aus funktionalen Gründen befestigt werden. Dazu zählen im engeren Sinne der Sitzplatz vor und die Wege zur Laube. Alle weiteren Belagsflächen stehen allerdings zur Disposition. Üblicherweise geht man von einem Prozentsatz befestigter Fläche von zehn Prozent der Gesamt-

gartenfläche aus. Das ist bei einem standardisierten Garten von 300 m² eine Fläche von 30 m². Bedenkt man, dass alleine für den Sitzbereich schnell 10–20 m² verbraucht sind, so erkennt man, dass für weitere Belagsflächen nicht mehr viel übrig bleibt. Vor allem im Bereich der Beeterschließung kann der Anteil der befestigten Flächen stark reduziert werden. Rasenwege, Rindenhäckselwege, Schotterwege oder einfache Holzpaneelen genügen hier. Auch sind die (notwendigen) Wege oft zu breit angelegt. Als Obergrenze für einen Erschließungsweg im Parzellenbereich ist 1 m anzusetzen, 0,40 m Breite bildet dagegen die Untergrenze für eine unproblematische Benutzung.

Materialien: Vermieden werden sollten reine Beton- und Asphaltbeläge, verlegt mit engen Fugen und großmaßstäblichen Beton- und Natursteinplatten, Schmuckplatten aus Beton mit auffälliger Färbung oder Oberflächenstruktur (Waschbeton). Stattdessen eignen sich folgende Beläge: großfugig verlegte Steine, kleinmaßstäbliche Beton- und Natursteinplatten, gebrauchtes Material, auch »Abfall«- oder Recyclingmaterial, z. B. alte Klinkersteine, Ziegel, alte (auch gebrochene) Betonplatten oder Natur-Pflastersteine (in Deutschland hauptsächlich Kalk, Granit, Basalt, Porphyr, Sandstein), wassergebundene Decken, Holzhäcksel- oder Rindenmulchwege, Kies-, Splitt- oder Sandbeläge, Sägemehlbeläge, Trittsteine im Rasen, Rasenwege, Holzpflaster- oder Holzschwellenwege.

Dabei sind regionaltypische Belagsarten und vor Ort erhältliche Materialien immer zu bevorzugen. Sie sind nicht nur billiger und schneller am Einsatzort, sondern passen sich auch dem Siedlungs- und Landschaftsbild besser an. Sie sind Ausdruck der geologischen Eigenart einer Region.

Auf die Suche nach gebrauchten Materialien kann man sich z. B. beim örtlichen Bauhof machen. Sie können auch bei Garten- und Landschaftsbaufirmen oder im Steinhandel gezielt nach solchen Materialien in kleinen (Rest-)Mengen fragen. Oft fallen auch auf großen Baustellen Reste an. Fragen Sie den zuständigen Bauleiter oder den Polier!

In dieser Kleingartenanlage sind die Stichwege als Rasenwege angelegt – das ist nicht nur schön anzusehen, sondern auch ökologisch sinnvoll.

Naturnahe Wege und Materialien 73

Jäten unerwünscht: Offene Fugen sind nicht nur ökologisch korrekt, sondern beleben auch das Belagsbild.

Die Sukkulenten zwischen den Trittplatten sind gut eingewachsen. Mit der Spanischen Fetthenne *(Sedum hispanicum)*, der Fetthenne 'Vera Jameson', der Weißen Fetthenne 'Coral Carpet' *(Sedum album* 'Coral Carpet') und der Rosetten-Fetthenne *(Sedum pachyclados)* kommt Farbe in die Fugen.

Wassergebundene Decken

Die bisher empfohlenen Beläge sind fast ausnahmslos wasserdurchlässige Beläge. Solchen werden folgende positiven Eigenschaften zugeschrieben:
- langsames Versickern des Oberflächenwassers und Förderung der Grundwasserneubildung,
- geringere Oberflächenverdunstung, Erwärmung und Staubentwicklung,
- Lebensraum für »Spezialisten« unter den Pflanzen und Tieren in Fugen und Ritzen,
- natürliche Ästhetik.

Der klassische wasserdurchlässige Belag ist die wassergebundene Decke. Dabei wird auf die Tragschicht (→ siehe ab S. 32) entweder ein Sand-Kies-Gemisch (Rundkorn) der Körnung 0/8 mm oder ein Splitt-Brechsand-Gemisch (gebrochenes Korn) der Körnung 0/4 mm aufgebracht und unter Zugabe von Wasser eingewalzt. Die wassergebundene Decke wird allein durch die Kapillarkräfte des Wassers gebunden, d. h. zusammengehalten, und braucht keine anderen Bindemittel. Wassergebundene Decken sind – will man sie frei von Bewuchs halten – relativ pflegeaufwendig. Aber eine grüne Patina von den Rändern her kann durchaus reizvoll sein und passt gut in einen ökologischen Kleingarten.

Ökologisch und originell

Eine besonders originelle Pflastertechnik, die einen sehr schönen optischen Eindruck und eine gute Begehbarkeit gewährleistet, ist das sogenannte **Katzenkopfpflaster**. Bei dieser alten Pflastertechnik verwendet man runde Steine mit einer Größe von 60 bis 120 mm Durchmesser, welche früher von Feldern und aus Flussbetten aufgesammelt wurden (heute kann man sie auch im Steingroßhandel kaufen). Die Steine werden auf der Tragschicht in ein zwei bis drei Zentimeter starkes Bett aus Kiessand oder Splitt-Brechsand

Der Kleingarten als Ökogarten

Wer die Gelegenheit erhält, gebrauchte Ziegel zu bekommen, sollte sie nutzen. Dieses Material kann man vielseitig im Kleingarten verwenden, z. B. als Wegebelag, für die Verblendung des Wasserbeckens oder zur Errichtung eines Kräuterbeetes. Offene Fugen harmonieren bei Wegebelägen sehr gut mit dem Ziegelstein.

Bruchsteinplatten mit unregelmäßigem Umriss (auch Polygonalplatten genannt) kann man oft günstig im Steinbruch oder bei einer Naturstein-Firma erwerben, da dieses Material meist als Abfallmaterial bei der Natursteinproduktion anfällt. Geschickt verlegt, ergibt sich im Wechselspiel mit den offenen Fugen ein reizvolles Belagsbild.

gedrückt (siehe wassergebundene Decke) und mit dem gleichen Material verfüllt, sodass die Steine rund ⅔ bis ¾ eingebunden sind. Das Ganze wird mit viel Wasser eingeschlämmt. Schon ein regelmäßig gemähter **Rasenweg** durch eine Wiese kann den gelegentlichen Benutzer angenehm zum gewünschten Ziel führen. Vorausgesetzt, der Boden ist nicht zu weich und der Rasen wird durch häufiges Mähen kurz und dicht gehalten. Rasenwege haben ihren besonderen Charme durch ihre kurzfristige Veränderbarkeit und sie lassen sich immer wieder neu erfinden. Bei häufigerer Benutzung kann es sinnvoll sein, einzelne Schrittplatten zu verlegen. Die Platten sollten nicht zu klein sein und in einer normalen Schrittlänge von 63 cm – gemessen von Plattenmitte zu Plattenmitte – auf Kies- und Sandunterbau verlegt werden.
Beläge mit Fugen: Beläge im ökologischen Kleingarten sollten, wenn es von der Funktion her möglich ist, mit breiten Fugen oder sogar nur als Trittsteine im Rasen angelegt werden. Grund ist, neben der besseren Wasserabführung, vor allem der ästhetische Reiz, die optisch ansprechende Kombination des Steinmaterials mit dem Grün der Vegetation. Es gibt kaum eine bauliche Maßnahme im Garten, welche die Naturverbundenheit des Pächters sinnfälliger ausdrückt.

Heimische Hölzer

Im ökologischen Kleingarten haben Tropenhölzer nichts verloren. 99 Prozent dieser Hölzer stammen aus nicht nachhaltiger Bewirtschaftung, häufig aus reinem Raubbau. Dies ist eine der Hauptursachen für die Zerstörung der Tropenwälder. Die Folgen, insbesondere die Zerstörung der Ökosysteme und der Artenvielfalt, die Klimaveränderung und die Vernichtung der Lebensgrundlage vieler Menschen, sind ein zu hoher Preis für die Vorteile der Tropenhölzer. Heimische Hölzer können in allen Bereichen der Gartengestaltung ausreichenden Ersatz für Tropenhölzer bieten.

- Laubenbau, Holzterrassen, Pergolen: geeignet sind Fichte, Kiefer, Lärche,
- Fenster, Türen: geeignet sind Buche, Douglasie, Eiche, Esche, Fichte, Kiefer,
- Wandverkleidungen und Profilbretter: geeignet sind Ahorn, Buche, Eiche, Fichte, Kiefer,
- Gartenmöbel, Pfosten und Zäune: geeignet sind Kiefer, Lärche, Eiche, Robinie,
- Wasserbau, Brücken: geeignet sind Eiche, Lärche.

Holz als Baumaterial

Im Kleingarten sollte Holz als Baumaterial bevorzugt werden. In der Regel wird gehobeltes oder sägeraues Holz verwendet, entweder als Kant- oder als Rundhölzer, seltener Bohlen. Gut geeignet sind Fichte und Kiefer, wenn es hochwertiger sein soll, Lärche oder Eiche.

Unbehandeltes Holz bekommt im Laufe der Zeit eine Patina, die das Holz auf natürliche Weise vor Witterungseinflüssen schützt. Wichtig ist bei solchen unbehandelten Holzkonstruktionen aber der konstruktive Holzschutz (→ siehe S. 57), d.h. Holzverbindungen, bei denen Wasseransammlungen in abflusslosen Nischen oder Taschen vermieden werden. Sicherer ist es allerdings, wenn das Holz kesseldruckimprägniert ist oder mit einem Holzschutzanstrich versehen wird (→ siehe S. 75).

Holzschutz und Farbanstrich

Holz muss geschützt werden, auch im ökologischen Garten. Allgemein herrscht die Meinung vor, dass Holz ohne Behandlung mit Holzschutzmitteln innerhalb weniger Jahre faule. Dies stimmt allerdings nur dann, wenn man es versäumt, für konstruktiven Holzschutz zu sorgen. Wichtige konstruktive Maßnahmen sind:

- Bauholz von bester Güte besorgen; wenn möglich abgetrocknetes, abgelagertes Holz verwenden,
- Hirnholzflächen, die nach oben stehen, abschrägen und/ oder mit einer Abdeckung versehen, so dass das Wasser schadlos ablaufen kann,
- Holzteile an Mauern und Wänden hinterlüften (z.B. durch Abstandshalter),
- Nägel und Schrauben von unten oder der Seite in das Holz führen,
- konstruktive Zwickel vermeiden, in denen sich das Wasser sammelt, ohne ablaufen zu können.

Pergolen, Zäune, Bänke, Stühle und natürlich auch und vor allem die Lauben können bei richtiger Konstruktion ohne Holzschutz eine beachtliche Lebensdauer erreichen. Wer trotzdem – aus Gründen der Haltbarkeit oder aus gestalterischer Sicht – Holzschutzmittel oder Farbanstriche verwenden will, sollte unbedingt auf Umweltverträglichkeit achten. Anerkannte Umweltplaketten wie der »Blaue Umweltengel« geben hier Entscheidungshilfe. Mittlerweile sind auch vom Naturwarenhandel eine Palette ungiftiger Anstriche im Angebot, z.B. Harzöllacke, Bienenwachserzeugnisse oder Kräuterfirnisse.

Holz ist ein idealer Werkstoff für Lauben. Die richtige Holzart und die fachgerechte Behandlung sichern eine lange Lebensdauer.

In die Höhe gebaut – Hochbeete und Hügelbeete

Möchten Sie beim Gemüseanbau mal gern den »Turbo« anstellen? Dann sollten Sie sich ein Hügel- oder Hochbeet anlegen. Die Wärme, die in so einem Beet entsteht, fördert gezielt das Wachstum.

Eines steht fest: Hügel- und Hochbeete sind eine feine Sache. Das organische Material im Inneren verrottet und durch die entstehende Wärme ernten Sie Ihr Gemüse schneller als auf dem ebenerdigen Beet nebenan. Zugleich erwärmt sich der Boden durch die steilere Sonneneinstrahlung schneller und die Beete überzeugen durch gesundes Wachstum und guten Ertrag der Pflanzen. Organische Gartenabfälle finden ebenfalls eine sinnvolle Verwertung. Ein Hügelbeet ist zwar nicht so langlebig, dafür ist es ohne weitere Kosten und größeren Aufwand schnell zu realisieren.

Wie baue ich ein Hügelbeet?

Das Hügelbeet sollte am besten einen sonnigen Standort bekommen und zur besten Ausnutzung der Sonneneinstrahlung in Nord-Süd-Richtung angelegt werden. Das Gleiche gilt auch bei der Ausrichtung eines Hochbeetes.

1. Zuerst entfernen Sie spatentief die Grasnarbe oder den Oberboden auf einer Breite von ca. 1,60 m bis 1,80 m und einer Länge von mindestens 2 m und lagern diesen in der Nähe. Natürlich können Sie in der Länge und Breite beliebig variieren.
2. Dann breiten Sie ein engmaschiges Netz aus Maschendraht zum Schutz vor Wühlmäusen aus.
3. Als Nächstes setzen Sie in die Mitte einen 60 cm breiten und 40 cm hohen Kern aus zerkleinertem, verholztem Material (z. B. Heckenschnitt, Baumschnitt) auf.
4. Diesen Kern deckt man mit einer 10 cm dicken Schicht umgedrehte Grassoden (Wurzeln nach oben!), alternativ mit strohigem Mist oder Staudenresten ab.
5. Im Anschluss geben Sie einen 30 cm dicken Mantel aus feuchtem Laub darüber. Sie können alternativ Stroh, Rasenschnitt, Staudenreste und anderes Material, was im Laufe des Jahres im Garten anfällt, verwenden.
6. Dann folgt eine 15 cm dicke Lage aus Grobkompost.

Füllen Sie Ihr Hochbeet nicht einfach mit Gartenerde! Schichten Sie organisches Material, beginnend mit Gehölzschnitt und endend mit humoser Gartenerde. Sie werden überrascht sein, wie prächtig Ihr Gemüse darauf gedeiht. Fühlen Sie im Frühjahr selbst, wie warm die obersten Bodenschichten durch die Verrottungswärme werden. Mit einer Abdeckung aus Vlies, Folie oder Plexiglas können Sie erstes Gemüse frühzeitig pflanzen und ernten.

7. Die Abschlussschicht besteht aus gut verrottender Komposterde, vermischt mit dem gelagerten Oberboden.
Wichtiger Hinweis: Im Sommer müssen Sie Hügel- und Hochbeete wegen der leichten Austrocknungsgefahr häufig gießen. Mit der regelmäßigen Aufbringung von Rasenmulch hält sich das Gießen in den Sommermonaten aber in Grenzen. Bei einer Anlage im Spätherbst sollten Sie Ihr Hügelbeet mit Stroh oder mit einer Mulchfolie zum Schutz vor Austrocknung und Abschwemmung abdecken.

Hoch hinaus

Während ein Hügelbeet nach einigen Jahren immer mehr in sich zusammenfällt, ist ein Hochbeet für eine längere Nutzungsdauer angelegt. Ein rückenfreundliches Gärtnern ist möglich und auch Rollstuhlfahrern/innen können ihrem Hobby nachgehen. Zum Bau eines Hochbeetes können Sie verschiedene Materialen verwenden: Traditionell baut man ein Hochbeet aus Holz. Dabei können Sie Rundhölzer oder dicke Bretter verwenden. Hochbeete aus Blech, Aluminium und Plastik findet man im Gartenfachhandel.

Sie wollen ein Hochbeet selbst bauen? Dann wählen Sie am besten eine Breite, bei der Sie von beiden Seiten gut arbeiten können und alle Pflanzen gut erreichen – bewährt hat sich eine Breite von 1,0 m bis 1,3 m. Die Länge können Sie beliebig wählen. Wie beim Hügelbeet sollten Sie ein engmaschiges Drahtgeflecht am Boden auslegen, dann haben Wühlmäuse & Co. von unten keine Chance. An vier Eckpfosten aus Rundhölzern befestigen Sie entweder weitere Rundhölzer oder dicke Bretter. Dann kleiden Sie die Innenwände mit einer Teichfolie aus; so schützen Sie die Holzumrandung vor Feuchtschäden.

Gefüllt wird das Hochbeet ähnlich wie das Hügelbeet:
1. Zuerst füllen Sie eine ca. 20 bis 30 cm dicke Schicht aus zerkleinertem verholztem Material (z. B. Heckenschnitt, Baumschnitt) in das Hochbeet.
2. Dann geben Sie eine Schicht aus feuchtem Laub, Staudenresten und anderem Material, was im Laufe des Jahres im Garten anfällt, hinein; ca. 20 cm hoch.
3. Dann folgt eine 15 cm dicke Lage aus Grobkompost.
4. Die Abschlussschicht besteht aus gut verrottender Komposterde, vermischt mit dem gelagerten Oberboden (Verhältnis 1:1); ca. 15 cm hoch.

Sie können Ihr Hochbeet nicht nur klassisch als quadratischen oder rechteckigen Behälter bauen. Auch andere Formen sind möglich, wie hier als Wabenstruktur – der Kreativität sind keine Grenzen gesetzt.

Die Schichtungen können in der Höhe variabel sein, abhängig davon, wie hoch das Hochbeet insgesamt gebaut ist und welche Menge an organischem Material zum Befüllen zur Verfügung steht. Sie können das Hochbeet auch mit Gartenerde befüllen – dann entfällt allerdings der Effekt der Erwärmung und somit der Ernteverfrühung.

Welche Pflanzen eignen sich?

Im ersten Jahr sollten Sie vor allem Pflanzen kultivieren, die große Mengen an Nährstoffen, insbesondere Stickstoff, benötigen, sogenannte Starkzehrer: Dazu zählen Gurken, Zucchini, Kürbis, Lauch, Grünkohl oder Brokkoli.
Im zweiten und dritten Jahr können Sie Starkzehrer mit Mittelzehrern mischen, z. B. mit Kohlrabi, Fenchel, Mangold und Möhren. Bei Bedarf wird gedüngt.
Nach vier bis fünf Jahren werden nur noch geringe Mengen an Nährstoffen freigesetzt. Jetzt können Sie Schwachzehrer wie Bohnen, Erbsen, Zwiebeln oder Kräuter darauf anbauen.

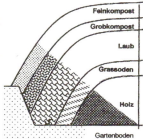

Eine große Anbaufläche bei kleiner Grundfläche bietet das Hügelbeet.

Gut geschützt auf natürliche Art

Gemüse und Obst aus dem eigenen Anbau schmeckt nicht nur gut – wir können zudem selbst entscheiden, wie wir düngen, welche Sorten wir anbauen und ob wir Pflanzenschutzmittel verwenden wollen.

Wir wissen, woher unsere Tomaten und Gurken in den Sommermonaten stammen – aus dem Kleingarten. Damit liegen wir voll im Trend! Regionale Produkte sind in und am besten alles ohne Chemie selbst großgezogen! Zugegeben: So manches Radieschen ist wurmig, einige Salatköpfe haben Blattläuse und unsere Paprika wachsen nicht so recht, wie sie sollen. Aber unsere Devise heißt: nicht aufgeben und beim nächsten Mal anders machen!

Den Grundstein für einen erfolgreichen Anbau ohne chemische Hilfsmittel legen Sie mit der Wahl der Sorte. Jede Sorte ist durch verschiedene Eigenschaften individuell geprägt, sei es durch ihr Wuchsverhalten, ihre Farbe, ihren Geschmack, den Ertrag und vor allem ihre Widerstandsfähigkeit gegenüber Krankheiten und Schädlingen.

Bei einigen Gemüsearten müssen Sie je nach Erntezeitpunkt verschiedene Sorten wählen. Beispielsweise benötigen Sie für den Sommeranbau von Salat eine schossfeste Sorte. Bei Möhren gibt es Sorten für den Früh- und Spätanbau und bei Tomaten und Gurken finden Sie im Handel Sorten, die sich speziell für den Anbau im Freiland oder für die Kultivierung unter Glas oder Folie eignen.

Starke Gemüsesorten

Wie bereits erwähnt, gibt es Sorten, die anfälliger sind gegenüber Krankheiten und Schädlingen, und andere, die durch eine hohe Widerstandsfähigkeit überzeugen. Hier hat sich die Züchtung zum Ziel gesetzt, Sorten zu entwickeln, die von Krankheiten und Schädlingen nicht befallen werden. Das Ergebnis kann sich sehen lassen – und das, ohne dass der Geschmack darunter leidet.

Bei den meisten Gemüsearten finden Sie widerstandsfähige Sorten! Entdecken Sie im Handel z. B. Buschbohnensorten, die gegen Bohnenmosaikvirus, Brennflecken und Fettflecken resistent sind. Viele neue Salatsorten sind geschützt vor den Schäden, die von Salatwurzellaus, Blattlaus, Falschem Mehltau oder Salatmosaikvirus verursacht werden. Auch im Gurkensortiment gibt es widerstandsfähige Sorten, z. B. gegen Echten und Falschen Mehltau. Die notwendigen Informationen können Sie den Saattüten entnehmen. Dort finden Sie folgende Bezeichnungen:

Resistente Sorte: Diese Sorte ist widerstandsfähig gegen einen oder mehrere Schaderreger. Das bedeutet: Es gibt keinen Krankheitsbefall!

Tolerante Sorte: Diese Sorte besitzt eine gewisse Widerstandskraft gegen einen oder mehrere Schaderreger, sodass sich der Schaden im Rahmen des Verträglichen hält. Das bedeutet: Es gibt wenig Krankheitsbefall!

Wirkungsvoll halten Insektenschutznetze an vielen Kulturen wie Möhren, Kohlgemüse, Zwiebeln oder Lauch die Gemüsefliegen ab. Wichtig ist ein lückenloses, zeitiges Abdecken der Beete.

Gut geschützt auf natürliche Art 79

Eine Investition auf längere Sicht: Schneckenzäune sind für Schnecken unüberwindbar. Vor allem Beete mit Salatpflanzen und Jungpflanzen sind wirkungsvoll geschützt.

Was hilft gegen Blattläuse an Salat? Pflanzen Sie blattlausfreie Sorten und ergänzen Sie Ihr Sortiment mit den bei Blattläusen weniger beliebten roten Salaten.

Robuste Sorte: So werden oft alte Sorten, die von Natur aus sehr widerstandsfähig sind, bezeichnet.
Ein Nebeneinander von neuen, resistenten und altbewährten Sorten bringt nicht nur Vielfalt in unseren Garten, sondern auch Abwechslung in unsere Küche.

Jedem Gemüse, was ihm gefällt

Neben der Sortenwahl entscheidet der richtige Standort über Erfolg und Misserfolg beim Gemüsegärtnern: Geben Sie Ihrem Gemüse einen Platz an der Sonne! Vor allem wärmeliebende Arten wie Paprika, Tomaten, Zuckermais, Gurken und Bohnen benötigen einen sonnigen, warmen und geschützten Platz im Kleingarten und dürfen erst nach den Eisheiligen ins Freiland gesät oder gepflanzt werden.
Extreme Temperaturen können sich auf Ihre Gemüsepflanzen negativ auswirken: Pelzige Radieschen und Rettch, holzige Kohlrabi oder zu früh blühender Blumenkohl – dafür können womöglich zu hohe Temperaturen schuld sein.
Niedrige Temperaturen führen oftmals zu Auflaufschwierigkeiten, Befruchtungsstörungen oder zum vorzeitigen Schießen (Blüte) der Pflanzen. Während der Kulturzeit können Sie größere Schäden an Gemüsekulturen schon im Anfangsstadium eindämmen, wenn Sie zügig die ersten kranken Pflanzenteile entfernen. Sammeln Sie sichtbare Schädlinge wie Schnecken ab oder zerdrücken Sie z. B. Eigelege von schädlichen Blattläusen.
Insektenschutznetze bieten weiterhin einen wertvollen Dienst im Kampf gegen Schädlinge. Sie wehren wirkungsvoll und zuverlässig Gemüsefliegen, Kohlweißlinge oder Kartoffelkäfer ab. Wichtig ist, dass Sie die Kultur vollständig und lückenlos zur Aussaat oder zur Pflanzung abdecken. Gut bewährt haben sich übrigens Tunnelkonstruktionen, über die man die Netze spannt.
Folgende Gemüsekulturen schützen Sie mit einem Insektenschutznetz:
- Kohlgemüse wie Weißkohl, Rosenkohl, Grünkohl oder Blumenkohl gegen Schäden von Kohlweißling, Kohleule, Kohlschabe und Kohlfliege,
- Möhren gegen Schäden durch die Möhrenfliege,
- Zwiebel und Porree gegen Schäden durch Lauchmotte und Zwiebelfliege,
- Kartoffeln vor dem Kartoffelkäfer.

Gegen den Besuch von ungeliebten Schnecken können Sie einen Schneckenzaun anbringen. Dieser stellt ein unüberwindbares Hindernis dar.

Fruchtfolge

Pflanzenfamilien	Gemüsearten
Nachtschattengewächse (Solanaceae)	Tomate, Paprika, Aubergine, Kartoffel
Kreuzblütler (Cruciferae)	alle Kohlgemüse, Rettich, Radieschen, Asia-Salate, Stielmus, einige Gründüngungspflanzen wie Senf und Raps
Doldenblütler (Umbelliferae)	Sellerie, Möhren, Fenchel, Petersilie
Hülsenfrüchte (Leguminosae)	Erbse, Bohne, einige Gründüngungspflanzen wie Lupine, Klee, Wicke
Kürbisgewächse (Cucurbitaceae)	Gurke, Kürbis, Melone, Zucchini
Lilien (Liliaceae)	Zwiebel, Porree, Spargel, Schnittlauch, Knoblauch
Korbblütler (Compositae)	Kopfsalat, Zichorie, Endivie, Schwarzwurzel
Gänsefußgewächse (Chenopodiaceae)	Spinat, Rote Rübe, Mangold
Baldriangewächse (Valerianaceae)	Feldsalat
Knöterichgewächse (Polygonaceae)	Rhabarber, Sauerampfer
Rosengewächse (Rosaceae)	Erdbeeren

Gute Planung ist die halbe Miete!

Bereits unsere Vorfahren wussten, dass der Ertrag abnimmt, wenn man Kulturpflanzen jahrelang auf demselben Beet anbaut. Gründe dafür sind beispielsweise der Entzug der gleichen Nährstoffzusammensetzungen, aber auch die Anreicherung spezifischer Krankheitserreger und Schädlinge im Boden. Nutzen Sie die Wintermonate, um einen Anbauplan für Ihren Gemüsegarten zu erstellen. Er liefert die Grundlage für gesundes Gemüse im nächsten Jahr!

Beachten Sie diese wichtigen Grundsätze bei der Planung:

1. **Eine Gemüseart aus einer Pflanzenfamilie darf in der Regel nicht nach sich selbst und nach einer Art aus derselben Familie angebaut werden (→ siehe dazu die Tabelle links).**

   Dieser erste Grundsatz beschreibt die Einhaltung der Fruchtfolge. Werden Gemüsearten oder verwandte Arten aus derselben Familie in zu kurzen Abständen auf den gleichen Beeten kultiviert, so können sich spezifische Krankheitserreger und Schädlinge vermehrt ausbreiten. Als Folge nehmen, auf die Jahre gesehen, das Wachstum und der Ertrag langsam ab, und dem Boden werden einseitig Nährstoffe entzogen.

   Kultivieren Sie nur alle drei bis vier Jahre Vertreter aus einer Pflanzenfamilie auf ein und dasselbe Beet. Vor allem bei den Familien der Kreuzblütler, Hülsenfrüchte und Doldenblütler sollen Sie frühestens in dreijährigem Abstand wieder Vertreter aus dieser Familie anbauen. Praxisbeispiel: Wenn Sie in diesem Jahr Blumenkohl auf das Beet Nr. 1 gepflanzt haben, dürfen Sie dort drei Jahre lang keinen Blumenkohl, Rosenkohl, Kohlrabi, Rettich oder Rucola kultivieren.

2. **Es muss berücksichtigt werden, ob – je nach Düngungszustand des Bodens – ein Starkzehrer, Mittelzehrer oder Schwachzehrer angebaut werden sollte.**

   Nicht alle Gemüsearten vertragen eine frische organische Düngung in Form von Kompost oder Stallmist; man spricht von Arten, die in der 1. oder in der 2. Tracht stehen können. In der 1. Tracht, also direkt nach einer organischen Düngung, können die Starkzehrer kultiviert werden. In der 2. Tracht und 3. Tracht, also nicht unmittelbar nach einer organischen Düngung, können die Mittel- oder Schwachzehrer angebaut werden. Die Planung der aufeinanderfolgenden Gemüsearten muss auch eine eventuell notwendige Kalkgabe ermöglichen bzw. berücksichtigen, da nicht jede Gemüseart eine frische Kalkung verträgt. So sind z. B. Bohnen, Möhren, Tomaten, Erbsen, Paprika, Kartoffeln, Feldsalat, Petersilie, Schwarzwurzeln, Sellerie, Kürbis, Gurken (und auch Erdbeeren) empfindlich gegenüber einer frischen Kalkung.

3. **Auch alle Vor- und Nachkulturen, Mischkulturen oder Gründüngungspflanzen müssen Sie mit einplanen.**
In der Mischkultur wird ein Neben- und Miteinander verschiedener Gemüsearten, auch in Kombination mit Kräutern, angestrebt. Eine komplexe Pflanzengemeinschaft, wie wir sie von der Natur her kennen (z. B. in einer extensiven Wiese), entsteht dabei nicht und wäre auch für die Bewirtschaftung kontraproduktiv. Aber gewisse Vorteile solcher Gemeinschaften gelten für die Mischpflanzung im Beet – und das Ganze sieht auch noch attraktiv aus!

Schritt für Schritt geplant

Zeichnen Sie Ihren Gemüsegarten mit Beeten auf ein Blatt Papier. Über diesen Plan legen Sie nun am besten eine Transparentfolie und tragen die Gemüsearten mit Bleistift ein. So kann man den Plan beliebig leicht abändern und Neues bzw. Änderungen, die sich im Laufe der Vegetationsperiode ergeben, einplanen.
Zunächst werden auf das Transparentpapier die Hauptkulturen (z. B. Gurken, Tomaten, Möhren, Zwiebel usw.) eingezeichnet. Dabei sollte man auch notieren, wie lange das Beet mit diesen Arten belegt ist. Dann zeichnet man die Vorkulturen und Nachkulturen ein (z. B. Spinat, Salate, Rettich, Kohlrabi).
Im nächsten Jahr zieht man den Anbauplan des letzten Jahres als Grundlage heran und achtet nun vor allem auf die Einhaltung der Fruchtfolge.

Gesundes Obst

Obstbäume begleiten uns viele Jahre im Kleingarten. Wir freuen uns, wenn sie viele Früchte tragen, und bedauern, wenn keine einzige Frucht am Baum hängt. Oft beeinflusst das Wetter die Obsternte: Regenreiche Sommer fördern

Beachten Sie bei der jährlichen Anbauplanung, erst nach drei Jahren wieder einen Vertreter aus der gleichen Pflanzenfamilie zu setzen: Brokkoli gehört zur Familie der Kreuzblütler, d. h., die nächsten zwei Jahre sind Weißkraut, Rosenkohl, Blumenkohl und Rettich auf dem Beet tabu.

Ob Mischkultur sinnvoll ist – darüber wird vielfach diskutiert. Eines steht fest, sie schafft Vielfalt auf kleinsten Raum und überzeugt durch schöne Pflanzkombinationen.

Wichtig für Nützlinge

Zum Leben brauchen die fleißigen Helfer:
- Wohnraum und Unterschlupf
- einen Überwinterungsplatz (u.a. Stängel, Blütenköpfe, Samenkapseln)
- Nahrung (Pollen und Nektar) und Wasser. Pollen und Nektar sind die Nahrungsgrundlage für Schwebfliegen, Florfliegen, Schlupfwespen und Ergänzungsfutter für Marienkäfer und Wanzen.

Mit dem weißen Kalkanstrich schützen Sie Ihren Obstbaum vor Frostschäden. Ferner hindern Sie mit dem Anbringen eines Leimringes im Oktober Frostspannerweibchen von der Eiablage.

aber wir können immerhin auf anderem Weg viele Voraussetzungen für gute Erträge schaffen:

Wie überall gilt: Pflanzen Sie nur Obstbäume, die für Ihren Kleingarten geeignet sind. Ein guter Gartenboden, Sonne und Licht sind die wichtigsten Voraussetzungen. Ein sonniger Standort lässt die Blätter schneller abtrocknen und Pilzkrankheiten wie Monilia, Schorf und Mehltau können sich weniger entwickeln. Während Sie Apfel-, Birnen- und Zwetschgenbäume fast in jedem Kleingarten pflanzen können, gedeihen Pfirsich- und Nektarinenbäume nur an sonnigen, warmen und geschützten Stellen.

Ferner ist die Wahl der richtigen Sorte entscheidend. Sie kennen aus dem Supermarkt 'Elstar', 'Golden Delicious' und 'Braeburn' – diese Sorten eignen sich nicht für den Anbau im Kleingarten, sie sind zu empfindlich. Wählen Sie besser bewährte, robuste Sorten wie 'Alkmene', 'Jakob Fischer', 'James Grieve', 'Sternrenette' und nicht zu vergessen den allseits beliebten 'Boskoop'. Diese Sorten sind oft als Hoch- oder Halbstämme anzutreffen und spenden uns Schatten an heißen Sommertagen (→ siehe auch S. 49).

Tipp: Ergänzen Sie Ihren Kleingarten mit kleinkronigen, schwachwüchsigen Obstbäumen! Verwenden Sie dabei wohlschmeckende Sorten, die zudem noch widerstandsfähig gegen Krankheiten und Schädlinge sind, z. B. die Apfelsorten 'Gerlinde', 'Regina', 'Resi', 'Topaz' oder 'Santana'. Sie benötigen wenig Platz und bereits ab dem zweiten Jahr tragen kleine Obstbäume erste Früchte.

viele Pilzkrankheiten wie Schorf an Äpfeln und Birnen oder Monilia an Kirschbäumen. Andererseits: Ist es zu warm, können sich Apfelwickler und Co. vermehrt ausbreiten, dann finden wir die »Maden« im Obst. Beides ist ein Verdruss. Und dennoch: Das Wetter können wir zwar nicht beeinflussen,

Erste Hilfe bei kranken Bäumen

1. Sammeln und vernichten Sie sichtbare Schädlinge wie Blattläuse im Anfangsstadium.
2. Entfernen Sie kranke Äste, Zweige und Blätter, z. B. Monilia bei Sauerkirsche, Mehltau an Stachelbeere oder Blattläuse an Süßkirschen.
3. Sammeln Sie Fallobst auf und entfernen Sie es! Dort können viele Pilzkrankheiten lange Zeiträume überdauern und Ihre Pflanzen neu infizieren.
4. Bringen Sie ab Oktober an Ihren Apfelbäumen Leimringe zur Bekämpfung des Frostspanners an. Vergessen Sie nicht, diese spätestens im März wieder zu entfernen!
5. Schneiden Sie Ihre Obstbäume regelmäßig und fachgerecht (→ siehe S. 48). Schnittmaßnahmen bringen Luft in

Gut geschützt auf natürliche Art 83

Herzlich willkommen: Wildbienen, Florfliegen und andere Insekten überwintern gerne in morschem Holz und in fachgerecht selbst gebauten Nisthilfen wie dieser.

9. Alle Fruchtmumien müssen restlos von den Bäumen gepflückt und aus dem Garten entfernt werden. Dies ist ein wirksamer Schutz vor pilzlichen Krankheiten wie Schorf, Mehltau und Molinia.

Fördern Sie Nützlinge

Vergessen Sie nicht, Nützlinge zu fördern! Die wichtigste biologische Maßnahme ist die Schonung und Förderung von Nützlingen in den Kleingartenanlagen. Nützlinge sind Tiere, die sich von Schädlingen wie Blattläusen, Spinnmilben usw. ernähren. Bekannte Beispiele sind Marienkäfer, Florfliegen und die Larven der Schwebfliegen als Blattlausfresser.
Mit folgenden einfachen Maßnahmen können Sie natürliche Nützlinge fördern:

- Anlegen eines Steinhaufens (als Trockenmauer oder als wirklichen Steinhaufen; → siehe S. 68)
- Errichten eines Reisighaufens (»wilde Ecken« belassen oder anlegen)
- Totholzhaufen
- Aufstellen von Nisthilfen für Vögel
- Überwinterungshilfen (z. B. Stauden erst im Frühjahr schneiden)
- Blumenwiesen (Farben locken die Nützlinge an)
- Wildbienen-Nisthilfen (fachgerecht gebaut)
- Pollenreiche Arten und Sorten pflanzen

Nisthilfen für Nützlinge gehören in jeden Kleingarten. Einfache Nisthilfen für Ohrwürmer schaffen Sie mit Tontöpfen, die mit Holzwolle, Stroh oder Heu befüllt werden.

Ihre Obstbäume, die Blätter trocknen schneller ab und Pilzkrankheiten können sich weniger ausbreiten.

6. Achten Sie beim jährlichen Obstbaumschnitt auf die Hygiene! Eine Desinfektion der Werkzeuge (z. B. mit Alkohol) zwischen den Bäumen verhindert die Übertragung von Krankheiten!
7. Bei kleinen Obstbäumen kann die Verwendung eines Vlieses die Schäden des Apfelwicklers oder der Kirschfruchtfliege einschränken. Auch die Bedeckung des Bodens sorgt für eine Reduzierung des Befalls.
8. Finden Sie Schäden beispielsweise durch Frost, Obstbaumkrebs oder Hasenfraß, dann schneiden Sie die Wundränder mit scharfem Messer nach und verstreichen diese mit einem Wundverschlussmittel. Bei Obstbaumkrebs schneiden Sie die Äste bis ins gesunde Holz zurück.

Natürlicher Pflanzenschutz im Überblick

Kultur- und anbautechnische Maßnahmen	Berücksichtigung des Standortes (Boden, Klima, Wasser); Bodenpflege und Düngung; Sortenwahl (z. B. resistente Sorten)
Mechanisch-physikalische Maßnahmen	Absammeln; Netze und Vliese; Leimringe und -tafeln; Fallen
Biologische Maßnahmen	Einsatz und Förderung von Nützlingen; besonders Vögel; gezielter Einsatz von Krankheitserregern
Biotechnische Maßnahmen	Anlockung (Pheromonfallen, Licht usw.); Abschreckung

Wildobst und seltene Obstarten

Wildobst führte lange ein Schattendasein. Glücklicherweise sind diese Zeiten vorbei: Verschiedene Arten sind auf dem Vormarsch und erobern unsere Kleingartenanlagen, z. B. die schwarze Apfelbeere oder die Mispel.

Der Name »Wildobst« ist bezeichnend: Denn die züchterisch kaum oder wenig bearbeiteten Obstarten tragen essbare Beeren, Früchte, Nüsse oder Blätter mit vielen wertvollen Inhaltsstoffen. Wildobst ist problemlos im Anbau, wird kaum von Schädlingen und Krankheiten befallen und gedeiht an vielen Standorten. Alle Wildobstarten zieren unsere Kleingärten mit ihren Blüten und Früchten und dienen daneben als Bienenweide und natürliche Vogelnahrungsquelle. Im naturnahen Kleingarten sollten sie daher nicht fehlen.
Vielleicht wissen Sie, dass Sie die Früchte der meisten Wildobstarten nicht roh verzehren können, z. B. Holunder oder Schlehe. Holunderbeeren werden traditionell dampfentsaftet und anschließend als Direktsaft konserviert oder zu Gelee weiterverarbeitet. Auch Liköre und Fruchtaufstriche können Sie mit den roten Beeren zaubern. Schlehen werden erst nach dem ersten Frost geerntet und man kann, ein wenig aufwendig im Maischeverfahren, Schlehenwein zubereiten. Wer Wildobst gern roh verzehren möchte, der sollte sich beispielsweise eine Minikiwi, eine Felsenbirne oder eine Mispel in seinen Kleingarten pflanzen.

Aufregende Arten und Sorten

Vor allem die kleinen Vertreter der Kiwis sind wertvolle Vitamin-C-Spender, sie schmecken köstlich und können mit der Schale verzehrt werden. Während wir auch in unseren Breiten inzwischen so manche großfrüchtigen Kiwis finden, die Pergolen beranken, gedeihen die »echten« Kiwis nur in sehr warmen Gegenden. Für alle anderen Kiwifreunde gibt es eine tolle Alternative – **Mini-Kiwis**. Als winterharte Schlinger eignen sie sich sowohl für den Torbogen am Eingang als auch zum Beranken der Pergola. Bei den meisten Minikiwi-Sorten benötigen Sie weibliche und männliche Pflanzen, die Sie in humose Erde setzen. Nach drei bis vier Jahren können Sie das erste Mal die stachelbeergroßen Früchte ernten. Bewährte Sorten sind 'Weiki', 'Ambrosia' und 'Kiwino'.
Im Trend liegen Sie mit dem Anbau der **Schwarzen Apfelbeere**. Apfelbeeren bleiben klein – nur 1,50 m hoch wachsen sie. Im Frühjahr zieren weiße Doldenblüten den Strauch

Nach der Blüte entwickeln Wildrosen zahlreiche Hagebutten, die Sie z. B. zu Gelee verarbeiten können.

Viele zu schade, um sie nur anzuschauen: Die roten, kugeligen Minifrüchte der Zieräpfel sind ess- und verwertbar.

und ab Mitte/Ende August die violett-schwarzen, erbsengroßen Früchte. Die Apfelbeere ist roh nicht genießbar – Sie können aus den Früchten Marmelade, Gelee, Likör und Saft herstellen. In diesem Falle sollten Sie die Beeren noch einige Zeit am Strauch lassen – so wird in die Früchte mehr Zucker eingelagert und diese nehmen an Geschmack zu.

Wussten Sie, dass Sie nicht nur die Früchte der echten Quitte verwerten können? Gelee, Saft, Quittenbrot, Likör können Sie auch aus den Früchten der **Zier- oder Scheinquitte** herstellen. Im Frühjahr bestechen die klein bleibenden Sträucher mit ihren leuchtenden Blütenfarben von weiß, rosa bis hin zu feuerrot. Als wertvolle Fruchtsorten sind zu nennen 'Cido', 'Fusion' und die 'Lettische Zitrone'. Einen Nachteil hat die Zierquitte: Auch sie zählt zu den Wirtspflanzen des meldepflichtigen Feuerbrands (bakterielle Krankheit).

Bereits in der »Capitulare di villis« von Karl dem Großen im 8. Jahrhundert wurde der Anbau von **Rosen** angeordnet. Dieses Reichsgesetz zählte alle Pflanzen auf, die zu dieser Zeit in königlichen Gärten kultiviert werden sollten. Rosen wurden dabei nicht wegen ihrer Schönheit, sondern wegen des angenommenen Wertes als Heilpflanzen kultiviert. Sie lieferten die Basis für viele Salben und Getränke. Zur Verwendung als Wildobst eignen sich einmal blühende Wildarten, die im Herbst Hagebutten bilden, wie *Rosa canina, R. glauca, R. dumalis* oder *R. rugosa*. Aus den vitaminreichen Hagebutten können Sie Tee, Mus, Konfitüre oder Likör zubereiten. Wie alle Rosen lieben auch diese einen sonnigen Standort und einen humosen Boden.

Auch die **Mispel** wurde von unseren Vorfahren bereits genutzt. Der strauchartig wachsende Baum wird meistens 3 m hoch und blüht Ende Mai/Anfang Juni. Interessant wirken die 10 cm langen, lanzettlichen und befilzten Blätter und die halbkugeligen Früchte. Die Früchte reifen Mitte Oktober, können aber erst nach Frosteinwirkung oder einer vierwöchigen Lagerung roh verzehrt oder verarbeitet werden – erst dann werden sie teigig.

Rote Früchte liefert auch die beliebte **Kornelkirsche**, die Sie sogar roh essen können. Wer es süßer mag, verarbeitet sie zu Gelee, Konfitüre und Saft. Eigentlich schade, dass Kornelkirschen oftmals in einer Wildobsthecke gepflanzt werden, in einer Einzelstellung als Solitärstrauch gedeiht sie noch prächtiger. Sie gilt als Bienenweide und ziert im Herbst mit einer roten Laubfärbung Ihren Kleingarten.

Wilde Früchtchen

Neben den Wildformen gibt es auch Sorten. Die Tabelle beinhaltet eine Auswahl von Wildobst und exotischen Obstformen.

Art	Sorte	Beschreibung
Apfelbeere (*Aronia melanocarpa*)	'Viking'	große Früchte
	'Nero'	bekannteste Sorte; ertragreich
Goji-Beere (*Lycium barbarum*)	'Red Life'	gesunde Beeren zum Trocknen, Einfrieren oder Entsaften
Kornelkirsche (*Cornus mas*)	'Jolico'	bekannteste Sorte
	'Devin'	sehr große Früchte
	'Schumener'	sehr hohe Erträge / gelbe Blüten, große Früchte
Maibeere (*Lonicera kamtschatica*)	'Maistar'	alle: für Rohverzehr und zur Verarbeitung geeignet
	'Maillon'	
	'Fialka'	
Mini-Kiwi (*Actinidia arguta*)	'Weiki'	bekannt als die »Bayernkiwi«; hohe Erträge
	'Bojnice'	sehr guter Geschmack
	'Issai'	selbstfruchtbar, keine männliche und weibliche Pflanzen notwendig, aber besserer Ertrag
	'Kens Red'	violettes Fruchtfleisch, empfehlenswert
Mispel (*Mespilus germanica*)	'Holländische Riesenmispel'	sehr große Früchte
	'Royal'	ertragreiche Sorte
	'Early Medlar'	hochwertige Früchte
Wildrosen (Hagebutten-Rosen)	Kartoffel-Rose (*Rosa rugosa*)	große Hagebutten; verschiedene Sorten vorhanden
	Vitaminrose 'Pirosa'	sehr hoher Vitamin-C-Gehalt
	Hunds-Rose (*Rosa canina*)	sehr häufiges Vorkommen
Zieräpfel (*Malus*)	'Evereste'	alle: Wuchsstärke ist von der Unterlage abhängig, für den Kleingarten M 9 und M 26 möglich; geeignet für Gelee, Zugabe von Most und Saft; schön für Dekorationen
	'Golden Hornet'	
	'Butterball'	
	'Red Sentinel'	
Zierquitte (*Chaenomeles*)	'Cido'	alle: Verwendung für Gelee, Likör und zum Beimischen
	'Lettische Zitrone'	
	'Fusion'	

Kräuter – auf die Würze kommt es an

Wir schöpfen wieder aus dem Vollen: Basilikum, Rosmarin, Thymian und Oregano dürfen in der modernen Küche nicht fehlen. Klasse, wenn die Kräuter noch dazu aus dem eigenen Anbau stammen.

Kräuter zum Trocknen
Bohnenkraut, Majoran, Estragon, Lavendel, Lorbeer, Oregano, Rosmarin, Salbei, Thymian

Die Sortenvielfalt bei Kräutern ist unglaublich. Allein von Thymian gibt es die unterschiedlichsten Sorten und Geschmacksrichtungen: Italienischer Oregano-Thymian, mit einem samtigen, kräftigen Aroma für Pizzas und Suppen, Zwergthymian, eine der besten und ertragreichsten Sorten, 'Orangenteppich', mit orangenfruchtigem Aroma, oder 'Golden Dwarf', mit Zitronenduft und leuchtend gelbgrünen Blättern – um nur einige zu nennen. Die Vielfalt ist weit größer! Geht es Ihnen genauso? Am liebsten würden Sie alles ausprobieren und testen. Dann legen Sie los und finden Sie Ihre Lieblingskräuter!

Einen festen Platz in den meisten Kleingärten haben Petersilie, Oregano, Majoran, Liebstöckel, Thymian, Pfefferminze, Zitronenmelisse, Salbei und Schnittlauch. Auch Sauerampfer, Bärlauch, Kerbel, Borretsch, Pimpinelle, Brennnessel, Löwenzahn und Majoran als heimische Wildkräuter sind vielerorts wieder anzutreffen. Die »neuen« Kräuter sind notwendig für asiatische Gerichte und heißen Koriander, Thai-Basilikum, Zitronengras, Ananas-Orangenminze, Japanische Minze oder Chinesischer Schnittlauch – auch sie erobern unsere Gärten.

Was sind Kräuter?

Kräuter können einjährig sein, z. B. Anis, Basilikum, Bohnenkraut, Borretsch, Dill oder Kerbel, oder zweijährig wachsen, z. B. Fenchel und Kümmel. Viele Kräuter sind aber auch langlebig, ausdauernd und frosthart – hierzu zählen z. B. Oregano, Estragon, Liebstöckel, Melisse, Minze und Schnittlauch. Salbei, Rosmarin und Lavendel sind Halbsträucher und beim Lorbeer handelt es sich sogar um einen Baum.

Beachten Sie für gutes Gedeihen: Salbei liebt einen kalkreichen, steinigen und trockenen Standort.

Schnittlauch – hier blühend – möchte einen nährstoffreichen, humosen und feuchten Boden.

Kräuter haben also keine botanische Definition, sie werden vielmehr über ihren Nutzwert definiert:

- zum einen als Küchen- und Gewürzkräuter, die unseren Gerichten einen unvergleichlichen Geschmack durch ihr Aroma verleihen,
- zum anderen als Heilkräuter, welche die Grundlage für Arzneimittel bilden,
- und alternativ auch als Giftkräuter, wobei hier die Übergänge fließend sind.

Viele Kräuter sind Heilkraut und Gewürz zugleich wie die Melisse, die als Salatgewürz genauso gut verwendet werden kann wie zur Zubereitung eines magenberuhigenden Tees. Typisch für Kräuter sind hohe Konzentrationen sekundärer Pflanzenstoffe wie ätherische Öle, Bitter-, Gerb- oder Schleimstoffe. Je nach Pflanzenart sind unterschiedliche sekundäre Pflanzenstoffe vorhanden, die auch für unsere Gesundheit positiv sind (→ siehe Tabelle S. 89). Neben den sekundären Pflanzenstoffen beinhalten Kräuter und Gewürze zudem Vitamine und Mineralstoffe.

Was Kräuter mögen

Um höhere Konzentrationen der wichtigen Inhaltsstoffe entwickeln zu können, müssen Sie den meisten Kräutern einen »Platz an der Sonne« bieten. Zu viel Dünger schadet den Pflanzen ebenso wie zu hohe Wassergaben. Zwar wachsen Ihre Kräuter schneller und entwickeln viel Blattwerk, der Geschmack und die Inhaltsstoffe leiden aber darunter.

Ist der Boden schwer und lehmig, verbessern Sie ihn mit Sand und Kompost. Sandige und steinige Böden sind mager und werden von den meisten Kräutern geschätzt.

Eine kleine Düngergabe mit ein bis zwei Liter gut ausgereiftem Kompost reicht pro Quadratmeter aus. Wenn nötig, können Sie Ihren Kräutern Hornspäne, Hornmehl oder Algendünger geben.

Ist der Standort nicht optimal, reagieren einige Kräuter sehr empfindlich, z. B. Dill. Er bevorzugt einen Standort, an dem er mit den »Füßen« im feuchten Schatten und mit dem »Kopf« in der Sonne steht. Bauen Sie ihn daher in Mischkultur mit Gurken an. An einem schlecht durchlüfteten Standort wird Pfefferminze gerne von Pfefferminzrost oder vom Mehltaupilzen befallen. Hier hilft nur ein radikaler Rückschnitt und unter Umständen ein neuer Standort.

Inhaltsstoffe von Kräutern

Sekundäre Pflanzenstoffe	Vorkommen (Auswahl)	Gesundheitliche Auswirkungen (Auswahl)
Ätherische Öle	Dill, Kümmel, Anis, Fenchel, Minze, Bärwurz, Beifuß, Wermut, Thymian, Salbei	antibakteriell, entzündungshemmend, antibiotisch
Gerbstoffe	Salbei, Blutwurz, Eberraute, Frauenmantel	wundheilende Wirkung, adstringierende (zusammenziehende) Wirkung; Gurgeln bei Halsentzündungen
Kieselsäureverbindungen	Schachtelhalm	Festigung von Haut- und Bindegewebe
Bitterstoffe	Enzian, Löwenzahn, Engelwurz	verdauungsfördernd; vgl. Magenbitter
Flavonoide	Kerbel, Hirtentäschel	durchblutungsfördernd, wirken auf Herz, Kreislauf, Leber
Schleimstoffe	Huflattich, Spitzwegerich, Beinwell, Malve	reizmildernde Wirkung, z. B. bei Reizhusten, Magen-Darm-Katarrh

Gestalten mit Kräutern

Kräuter sind auch in Sachen Gestaltung ein Tausendsassa. Sie können auf vielfältige Art und Weise im Kleingarten eingebunden werden. Hier ein paar Beispiele:

- allein oder unter sich in einem separaten Bereich, z. B. in einem Beet oder in Balkonkästen,
- vor oder auf einer Trockenmauer bzw. einem Steinwall oder im Steingarten als Zier- und Duftpflanzen in Kombination mit anderen Stauden,
- ganz klassisch in einer Kräuterspirale,
- in Gemüsebeeten als Mischkultur,
- als Beeteinfassung und duftende Begleiter entlang den Wegen (am besten eine Art, z. B. Thymian, Heiligenkraut),
- im Ziergartenbereich als Begleitpflanzen von Stauden und Gehölzen (z. B. Lavendel und Rosen),

Der Kleingarten als Ökogarten

Eberraute (oben), als Heilpflanze ein wenig in Vergessenheit geraten, ist ein schöner Begleiter von Rosen und mehrjährigen Stauden. Bei Minzen (unten) ist die Auswahl riesig.

- als Bodendecker (z. B. Thymian) oder in Wegefugen,
- als Bestandteil der Kräuterwiese (z. B. Kamille, Quendel).

Ernten und schützen

Viele Kräuter verwendet man je nach Bedarf frisch aus dem Kleingarten oder macht sie auf verschiedene Weise haltbar. Ernten Sie Ihre Kräuter an einem sonnigen Vormittag, wenn die Pflanzen vom morgendlichen Tau bereits abgetrocknet sind. Verwenden Sie zum Sammeln nur Körbe, die luftig sind; Plastiktüten oder andere luftdichte Gefäß sind ungeeignet, da die Blätter sehr schnell zu »schwitzen« beginnen. Traditionell ist das **Trocknen** von Kräuterbüscheln. Verwenden können Sie dafür ganze Triebe von Thymian, Lavendel, Rosmarin, Salbei oder Lorbeer. Brausen Sie Ihre Kräuter am Tag vor der Ernte mit Wasser ab, so können Sie nach der Ernte auf das Waschen verzichten. In kleinen Büscheln zusammengefasst, trocknet man diese hängend an einem trockenen, warmen Ort. Nach sechs Tagen streift man die Blätter ab und bewahrt diese in dunklen, dicht geschlossenen Gefäßen auf. Sehr schonend trocknen lassen sich Kräuter in sogenannten Trocknungsapparaten, die im Fachhandel angeboten werden. Diese Trocknungsapparate eignen sich auch zur Herstellung von Dörrobst.

Viele Kräuter lassen sich gut **einfrieren.** Dabei können Sie die Blätter gehackt oder abgezupft auf ein Blech streuen und kurze Zeit ins Gefrierfach geben. Anschließend werden sie portionsweise in kleine Gefrierbeutel gepackt und zurück ins Gefrierfach gelegt. Man kann sie auch in Eiswürfelbehälter geben, mit Wasser übergießen und direkt einfrieren.

Wenn der Winter naht: Mehrjährige, mediterrane Garten- und Küchenkräuter wie Oregano, Salbei, Estragon, Liebstöckel und Thymian überstehen den Winter im Kleingarten gut. Lockern Sie im Spätherbst nochmals rund um die Kräuter den Boden, entfernen Sie dabei Unkräuter und gießen Sie bei Trockenheit Ihre Kräuter nochmals. Ein Zurückschneiden der Kräuter ist meist nicht nötig, die Blätter stellen einen natürlichen Winterschutz dar. Ferner können Sie etwas Laub um Ihre Kräuter anhäufen. Für stärkere Minusgrade sollten Sie Nadelreisig bereithalten, mit dem Sie die Pflanzen bei Bedarf locker abdecken können. Frostempfindliche Kräuter wie Zitronenverbene und Rosmarin müssen Sie in geeigneten Räumen frostfrei überwintern.

Zum Probieren – eine kleine Kräuterauswahl

Name	Kulturhinweise	Verwendung
Englische Rasenkamille (*Anthemis nobilis* 'Treneague')	mehrjährig; nicht blühend	anstelle von Rasen, aber nicht in den Rasen pflanzen, Duftrasen, kein Mähen notwendig
Bronzefenchel (*Foeniculum vulgare* var. *rubrum*)	mehrjährig; dekorative Staude mit bronzebraunen Blättern	aromatisch wie Gewürzfenchel
Zitronenverbene (*Aloysia triphylla*)	Halbstrauch; helle Überwinterung bei −4 bis + 8 °C; sehr wüchsig	erstklassiger Tee; nach Zitrone duftend und erfrischend
Rosenmelisse (*Monarda fistulosa* x tetraploid)	mehrjährig; frosthart; Blüten und Blätter duften nach Rosen	gut für Potpourris
Thailändische Minze (*Mentha species*)	mehrjährig; frosthart; Halbschatten; krauses Laub, rötliche Stängel	für die scharfe thailändische Küche
Englische Grüne Minze (*Mentha spicata* 'Englische Grüne')	mehrjährig; frosthart; Halbschatten; kräftiges Laub	für die englische Küche, u. a. Minz-Saucen
Marokkanische Minze (*Mentha spicata* var. *crispa*)	mehrjährig; frosthart; relativ klein wachsende Art	für Minzetee mit süßem, kühlendem Geschmack
Thai-Basilikum ('Horapha') (*Ocimum basilicum* var. *thyrsifolium*)	einjährig; sonnig, humusreicher Boden	für die thailändische Küche
Strauchbasilikum (*Ocimum kilimandscharicum* x *basilicum* 'African Blue')	Überwinterung bei 8 bis 12 °C in hellem Raum möglich	strengerer, kampferartiger Geschmack; für Thai-Currys
Griechischer Oregano (*Origanum heracleoticum*)	mehrjährig; winterfest	das »Pizzagewürz«
Rosmarin 'Arp' (*Rosmarinus officinalis* 'Arp')	bis −20 °C frosthart; graublättrig	Zweige, Blätter verwendbar; für Rosmarinkartoffeln
Rosmarin 'Weihenstephan' (*Rosmarin officinalis* 'Weihenstephan')	aromatisch; bis −10 °C frosthart; nur bedingt für Überwinterung im Freiland	Zweige und Blätter verwendbar
Amerikanischer Majoran (*Oreganum Hybride* 'Hot & Spicy')	mehrjährig	scharfe Oregano-Sorte
Gelbbunter Gewürzsalbei (*Salvia officinalis* 'Aureovariegata')	mehrjährig, attraktive Sorte mit goldgelb panaschierten Blättern	Blätter als Gewürz, aber auch als Heilkraut (z. B. Salbeitee)
Ananassalbei (*Salvia rutilans* 'Pineapple Scarlet')	schöne essbare, feuerrote Blüten; Überwinterung hell bei 5 bis 15 °C	als Tee
Muskatellersalbei (*Salvia sclarea*)	zweijährig; mit großen Blättern und bis zu 1 m hohen Blütenstand	aromatische Blüten und Blätter für Tee und zum Herausbacken im Eierteig
Quendel, Feldthymian (*Thymus serpyllum*)	heimische Art; für eher kalkarme Standorte; auch für frische Böden	Gewürz, Heilkraut bei Husten, Erkältungskrankheiten und Bronchitis
Zitronenthymian (*Thymus* x *citriodorus* 'Aureus')	mehrjährig; gelblaubig, kissenförmiger Wuchs	Zitronenaroma
Italienischer Oregano-Thymian (*Thymus species*)	mehrjährig; frosthart	als Gewürz für Pizza, Saucen usw., Wurzel zu Kräuterbitter verarbeiten
Engelwurz (*Angelica archangelica*)	imposante große Staude	für Potpourris als Fixativ
Pimpinelle (*Sanguisorba minor*)	normal, feuchter Boden; pflegeleicht	heimisches Würzkraut für Salate, Quark, »Grüne Sauce« usw.

Ganz wild – Unkräuter, Beikräuter und Wildkräuter

Für die einen ist es »lästiges Unkraut«, für die anderen sind es wertvolle Bei- oder Wildkräuter im ökologischen Garten. Lernen Sie Brennnessel und Co. hier besser kennen und entscheiden Sie dann selbst.

Das schmeckt!

Viele Beikräuter sind aus der Wildkräuterküche nicht mehr wegzudenken. Sie werden zu Pesto verarbeitet, schmecken frisch im Salat oder verleihen Suppen und Saucen das gewisse Extra. Wildkräuter besitzen einen hohen Vitamin- und Mineralstoffgehalt sowie viele sekundäre Pflanzenstoffe. Verwendet werden beispielsweise Brennnessel, Vogelmiere, Giersch, Gundermann und vieles mehr. Ob nun in einer Salzlake eingelegte Löwenzahnknospen, die wie Oliven schmecken, ein Wildkräuterpesto aus verschiedenen Kräu-

Brennnessel-Spinat

Junge Brennnesseln (große Menge) gut waschen, in Wasser weich kochen, dann fein schneiden oder durch den Fleischwolf drehen.
Eine halbe Zwiebel in 30 g Butter andünsten, die Brennnessel dazugeben; mit Salz, Pfeffer und Muskat abschmecken. Eventuell mit 30 g Mehl binden und mit Rahm verfeinern. Schmeckt gut zu Kartoffelbrei.

Manch einer rümpft über »Wildwuchs« die Nase und bezeichnet es als Unkraut. Für viele, die ökologisch gärtnern, gehören Beikräuter unverzichtbar dazu und ein Teil nutzt sie als Wildkräuter in der Gesundheitsküche. Wie auch immer man sie bezeichnet – sie haben die gleiche Herkunft wie unsere Kulturpflanzen und wurden, als sich immer mehr die hochwertigen Kulturen durchsetzten, nicht mehr geduldet. Beikräuter (Unkräuter) beeinträchtigen die Entwicklung der Kulturpflanzen direkt oder indirekt durch Wasser-, Nährstoff- und Lichtentzug oder stören bei den Pflege- und Erntearbeiten. Je nach ihrer Vermehrung werden Beikräuter in Samenbeikräuter und Wurzelbeikräuter eingeteilt:

Die ein- oder zweijährigen **Samenbeikräuter** entwickeln eine große Anzahl von Samen, z. B. eine Hirtentäschelpflanze rund 40.000 Samen. Zu dieser Gruppe zählen Vogelmiere, Franzosenkraut, Kreuzkraut, Kamille, Kleine Brennnessel, Melde, Bingelkraut, Schwarzer Nachtschatten, Taubnessel, Ehrenpreis, Knöterich, Ampfer, Flughafer und Ackerfuchsschwanz.

Rhizomunkräuter (Wurzelunkräuter) vermehren sich vor allem durch unterirdische Ausläufer (Rhizome), z. B. Gemeine Quecke, Giersch, Ackerwinde und verschiedene Gräser.

Bei starker Verunkrautung kann es nötig sein, den Boden ca. 50 cm tief abzutragen. Anschließend sollten Sie die Erde gründlich sieben, bevor Sie den Boden wieder auffüllen und alles neu bepflanzen.

Wunderschön, aber oft unbeachtet: Die zarten lilafarbenen Blüten der Taubnesseln nimmt man kaum wahr.

Ganz wild – Unkräuter, Beikräuter und Wildkräuter

Manche Gegner können Sie einfach aufessen: Sie werden überrascht sein, wie schmackhaft die Blätter des Gierschs sein können, z. B. als Pesto.

Im Frühjahr schmecken junge Brennesseltriebe delikat. Bereiten Sie diese wie Spinat zu und verfeinern Sie sie mit Sahne. Einfach mal ausprobieren!

tern, die »Grüne Suppe« am Gründonnerstag oder einfach Brot, gefüllt mit Wildkräutern – sie haben wieder einen festen Platz in der Küche.

Auch im Garten an manchen abgelegenen Plätzchen dürfen sie nun wieder ungestört wachsen. Ein wenig Platz sollten Sie den großen **Brennnesseln** einräumen: Zum einen dienen sie Tieren als Nahrung, beispielsweise den Raupen von Tagpfauenauge, Kleinem Fuchs oder Admiral. Diese Schmetterlingsarten legen ihre Eier ausschließlich auf die Brennnesseln ab. Mit den Trieben können Sie im Sommer alle vier Wochen eine Brennnesseljauche ansetzen. Damit erhalten Sie einen billigen, schonenden Stickstoffdünger. Und gegen Blattläuse hilft vielleicht ein kalter Brennnesselauszug. Aus den frischen Blättern der Brennnessel können Sie Tee zubereiten. Im Frühjahr, als vierwöchige Kur getrunken, wirkt er entwässernd und regt den Stoffwechsel an.

Ein oftmals verachtetes Beikraut ist die **Vogelmiere**, die sich über ihre Samen schnell ausbreitet und im Sommer so manchen Gartenfreund ärgert. Im Winter hingegen ist sie eine einfache und billige Bodenbedeckung, die Obstgehölze vor Austrocknung und Wurzelfrösten schützt. Fügen Sie Vogelmiere z. B. im Sommer vielen Salaten als Würze hinzu. Sie schmeckt nussig, mild, mit leicht säuerlicher Beigeschmack.

Auch die Blätter vom Giersch sollten Sie probieren. Man kann sie als Spinatersatz verwenden. Giersch benötigt zum Gedeihen frischen, nährstoffreichen und tiefgründigen Boden und wächst daher sehr gern in unseren Gärten. Er fühlt sich beispielsweise unter einigen Ziergehölzen ganz wohl. Eine kleine Fläche im Garten, wo er ungestört wachsen kann, genügt. Aber Vorsicht vor einer Ausbreitung im Nutzbereich des Kleingartens.

Beinwell und **Comfrey** dürfen im Naturgarten nicht fehlen. Mit den Blättern dieser Pflanzen kann man eine kaliumreiche Jauche ansetzen und zum Düngen nutzen.

Was aber, wenn manche Beikräuter zu massiv auftreten? Da hilft es nur, mit der Hacke regelmäßig die Beete zu säubern. Bei Wurzelunkräutern wie der Quecke wird es schwieriger. Die Quecke findet man auf Äckern und Gärten mit einer regelmäßigen Bodenbearbeitung, aber auch auf Rasen, wenn dieser stark stickstoffgedüngt sind. Leider breitet sich die Quecke durch ausläuferartige Rhizome sehr rasch aus und selbst das kleinste Rhizomstück treibt neu aus. Daher kann man dieses Wurzelbeikraut wie vorhin beschrieben am sinnvollsten bekämpfen; Boden abtragen und vollständig sieben. Wer Quecke im Zierrasen hat, sollte keine stickstoffhaltigen Dünger mehr ausbringen.

Blumig gebettet – traumhafte Blumenwiese

Von einer Blumenwiese lachen uns Margeriten und Gänseblümchen entgegen, vor der Terrasse tummeln sich Schmetterlinge und Schwebfliegen. Und pflegeleicht ist eine eingewachsene Blumenwiese allemal.

Blumenwiesen haben viele Gesichter. Ein schönes Beispiel hierfür ist die Kombination aus Acker-Witwenblume *(Knautia arvensis)*, Margerite *(Leucanthemum vulgare)*, Wiesensalbei *(Salvia pratensis)* und Wiesen-Klee *(Trifolium pratense)*.

Blumenwiesen sind nicht mit ungepflegten Rasenflächen zu verwechseln, in denen Löwenzahn und Giersch gedeihen. Es reicht nicht einfach aus, Blumen und Kräuter in seinen Rasen zu säen und abzuwarten. Eine Blumenwiese braucht einiges an Vorbereitungen und einige Jahre, bis sie unserem Wunschbild entspricht und dann leicht zu pflegen ist.
Was verstehen wir eigentlich unter dem Begriff Wildblumenwiese? Wie von unseren Spaziergängen über das Land bekannt, haben die meisten von uns das Bild von einer oben beschriebenen Magerwiese im Kopf. Sie stellt wie die Wildblumenwiese eine ausdauernde Pflanzengemeinschaft dar, in der zahlreiche Kräuter, Wildblumen und Gräser nebeneinander gedeihen. Dort dürfen die Pflanzen ungestört blühen und ihre Entwicklung bis zur Samenreife abschließen. Erst dann wird die Wiese gemäht, ca. 10 cm hoch, nicht tiefer wird der Schnitt durchgeführt. Am besten mit einer Sense – wie früher.
Wie der Name »Magerwiese« schon andeutet, benötigt eine blumen- und kräuterreiche Wiese einen mageren, nährstoffarmen Boden! Es gilt dabei: Je nährstoffärmer der Boden ist, desto artenreicher gestaltet sich die Wiese. Wildblumenwiesen sind ein Refugium für Insekten, Vögel und viele Kleinlebewesen. Sie bieten ein vielfältiges Angebot an Nahrung und Lebensraum für verschiedene Tierarten, die ansonsten in den Kleingartenanlagen bzw. in unseren Städten insgesamt nicht mehr existieren könnten. Sie sind deshalb ein wertvoller Baustein in einem ökologischen Kleingarten. Zudem besitzen sie einen hohen Erlebniswert. Sie stellen im Kleinen ein funktionierendes Stück Natur dar und sind durch den Artenreichtum ästhetisch oft reizvoller als monotone Rasenflächen. Dank Blumen und Insekten haben z. B. Kinder mehr zu entdecken und beobachten als bei akkuraten, monoton wachsenden Rasenflächen. Sind Blumenwiesen einmal eingewachsen, sind sie zum einen pflegeextensiv und zum anderen billig im Unterhalt – eine lohnende Alternative.

Schritt-für-Schritt zur Wiese

Wenn Sie eine Wildblumenwiese anlegen wollen, dann haben Sie mehrere Möglichkeiten:

- Sie können einen vorhandenen Rasen »durchwachsen lassen«, d. h. Sie reduzieren die Schnitthäufigkeit und verzichten vollständig auf Düngung. Anfangs ergibt sich ein wenig buntes Bild, da Wildblumen und Kräuter aus dem Umfeld nur sehr langsam einwandern. Über den Erfolg entscheidet vor allem die Bodenqualität: Wenig Erfolg werden Sie haben, wenn Ihre bisherige Rasenfläche bis dahin sehr intensiv gepflegt wurde und der Boden nährstoffreich, lehmig und humos ist. Auf trockenen, mageren Standorten herrschen hingegen günstigere Voraussetzungen. Sehr gut für eine Umstellung geeignet sind auch ältere Rasennarben, die früher als Wiesen genutzt wurden. Sie enthalten noch nach Jahren intensiver Pflege zahlreiche erwünschte Wiesenkräuter und deren Samen, die sich dann bei geringer Schnitthäufigkeit entfalten können.
- Ist der Boden sehr nährstoffreich, empfiehlt es sich, die Grasnarbe und den humusreichen Oberboden zu entfernen und den Boden abzumagern. Arbeiten Sie dazu Sand und Kies in die verbleibende Muttererde ein und säen sie im Anschluss eine Blumenwiese an.
- Komplette Neuansaat.

Neu ansäen

Zur Neuansaat einer Blumen- bzw. Kräuterwiese können Sie entweder die einzelnen Pflanzenarten selbst zusammenstellen oder handelsübliche Mischungen verwenden. Als Regelmischungen sind z. B. erhältlich:
- RSM 7 – Landschaftsrasen und Kräuter,
- Extensivrasen als Kräuterwiese,
- Extensivrasen als Blumenwiese.

Unser Tipp: Verwenden Sie nur hochwertige Saatgutmischungen! Billige Mischungen erfreuen Sie nur die ersten zwei Jahre mit einer Blütenpracht. In den folgenden Jahren lässt diese aber erheblich nach. Oftmals enthalten billige Mischungen viele Arten von Blumen, die nicht in eine stabile Wiesenpflanzengesellschaft gehören und schon bald wieder verschwinden wie Ringelblume und Schleierkraut. Noch besser: Sie mischen Ihr Saatgut selbst! Es ist zwar arbeitsaufwendiger, aber effektiver, die Samenmischung selbst zusammenzustellen oder sogar Jungpflanzen anzusiedeln. Dafür entsprechen diese Mischungen dann Ihrem Geschmack. Eine Auswahl geeigneter Pflanzen sehen Sie in der Spalte. Auch einige Blumenzwiebeln können Sie direkt in Ihre Wiese setzen, z. B. Märzenbecher, Krokusse, Herbstzeitlose oder Narzissen. Achten Sie auf eine lockere Anordnung. Nachdem Sie den Samen ausgebracht haben, arbeiten Sie ihn mit dem Rechen leicht ein und drücken ihn anschließend mit einem Brett oder einer Walze an. Die nächsten sechs bis acht Wochen müssen Sie die Neuansaat feucht halten, bis die Saat aufgeht.

Ein buntes Blütenmeer: In einer Wildblumenwiese wachsen zahlreiche Kräuter, Wildblumen und Gräser. Hier sind Gewöhnliches Ferkelkraut (*Hypochaeris radicata*), Margerite (*Leucanthemum vulgare*) und die Wiesen-Platterbse (*Lathyrus pratensis*) zu finden.

Pflanzen für die Blumenwiese

Knautie, Rotschwingel, Kleine Bibernelle, Echtes Labkraut, Gemeines Ruchgras, Wilde Möhre, Goldhafer, Ehrenpreis, Wiesensalbei, Schafgarbe, Margerite, Wiesenstorchschnabel, Wiesenschaumkraut, Wegwarte, Scharfer Hahnenfuß, Veilchen

Ökologische Lauben

Auch der Ökogärtner möchte natürlich eine Laube in seinem Garten nutzen. Aber gibt es etwas zu beachten, wenn er auch bei der Gartenhütte ökologisch konsequent sein möchte? Ja natürlich!

Zur Laube im ökologischen Kleingarten sagt das Bundeskleingartengesetz nichts aus. Allerdings lassen Kommentare folgenden Schluss dazu: Eine einfache Ausführung bedeutet, dass kostengünstige Baustoffe und Bauteile mit konstruktiv einfachen, auf die Funktion der Laube abgestellten Ausbaumaßnahmen zu verwenden sind.

Grundregeln für die Öko-Laube

- Je kleiner die Grundfläche einer Laube ist, umso besser fügt sie sich in den naturnahen Garten, denn kleine Lauben unterstützen den extensiven Charakter des Gartens; sie sind billig und lassen Platz für das Grün.
- Lauben im ökologischen Garten sind möglichst einfach ausgeführt: Teure, aufwendige Konstruktionen sind ökologisch nicht begründbar.
- Ausstattung und Einrichtung der Lauben sind aus demselben Grund auf das notwendige Minimum zu begrenzen.
- Materialien sollten aus der Region stammen und nicht von weit her transportiert werden. Dabei ist es nicht von Bedeutung, ob es sich um Stein oder Holz handelt, hier sind örtliche Traditionen bestimmend. Teure Materialien sind ökologisch nicht vertretbar. Bevorzugen Sie nachwachsende Rohstoffe oder recyclingfähige Materialien. Materialien, deren Entsorgung kritisch ist (z.B. Eternit oder Teerpappe), sollten nach Möglichkeit vermieden werden. Auf den Anstrich kann ganz verzichtet werden, wenn der konstruktive Holzschutz gewährleistet ist.

Begrünte Dächer auf Gartenlauben sind in letzter Zeit beliebt, denn sie

- wirken wasserrückhaltend und abflussverzögernd,
- bieten zusätzlichen Lebensraum für Pflanzen und Tiere,
- mindern die Folgewirkungen der Oberflächenversiegelung in Siedlungsgebieten: Verdunstungsprozesse und extreme Temperaturschwankungen werden ausgeglichen, das Mikroklima wird verbessert,
- halten im Sommer den Innenraum durch die Dämmwirkung der Substratschicht und der Pflanzendecke kühler.

Ein Kleingärtner, der Freude und Interesse an Ökologie und Naturprozessen hat, kann auf seiner Parzelle ein interessantes Biotop anlegen, einen rar gewordenen Extremstandort, der einigen wenigen, spezialisierten Arten einen Lebensraum bietet. Eine Laube im naturnahen Kleingarten braucht aber kein begrüntes Dach, um naturnah zu sein. Wenn ein Kleingärtner ein solches Dach dennoch anlegen will und die Gartenordnung oder andere maßgebliche Vorschriften dies gestatten, ist nichts dagegen einzuwenden. Es muss nur bei der Übergabe des Gartens darauf geachtet werden, dass die Dachbegrünung zu keiner unzumutbaren Verteuerung der Laube und damit des Gartens für den Nachpächter führt.

Historische Lauben: Sanierte historische Lauben sind ideal für den Ökogarten. Sie haben einen unwiderstehlichen Charme und ziehen die Blicke fast automatisch auf sich. Leider haben sie – zumindest nach den heutigen Nutzungskriterien – einen entscheidenden Nachteil: Sie sind nicht sehr groß, oft nur 9 bis 12 m², während heute nach dem Gesetz bis 24 m² erlaubt sind. Das liegt daran, dass sie ursprünglich als Aufbewahrungsraum für die Gartengeräte, höchstens noch als Unterstand bei Regenwetter konzipiert waren. Der Vorteil: Sie sind auf alle Fälle ökologisch korrekt, sind aus heimischen, regionalen Materialien gefertigt (heimische Hölzer oder heimische Steinmaterialien), sind nachhaltig und aufgrund ihrer maßvollen Größe auch ressourcenschonend. Mit einer historischen Laube können Sie viel Spaß haben und sich ein wenig fühlen, wie die Gärtner zu Großmutters Zeiten.

Ökologische Lauben 95

Ungewöhnlich, aber optisch äußerst reizvoll und eine Bereicherung der ökologischen Vielfalt: ein begrüntes Dach auf einer Laube. Was im Hausbau oft schon Alltag ist, stellt in unseren Kleingartenanlagen immer noch eine Ausnahme dar.

Die Schichten der Begrünung

Dauererde
Filtermatte
Wurzelschutzbahn
Trenn-/ Schutzlage
Dachabdichtung
Rauspund
Sparren

(Erde)
Rauspund
Sparren
Kiesschüttung
Dränrohr 55 mm

Hier stellt man sich unwillkürlich die Frage: Bauwagen oder Laube? Es ist auf alle Fälle eine Konstruktion aus regionalen Materialien und damit ökologisch korrekt.

Würdevoll trotz ihrer geringen Größe: eine historische Laube aus Norddeutschland. Mit viel Liebe hat ihr Besitzer sie verziert und ausgeschmückt.

Modern und ökologisch zugleich: eine Pultdachlaube mit gerundeten, versetzt angeordneten Dachhälften. Die Bullaugen in der Seitenwand wirken fast futuristisch.

Seit 23 Jahren besitzt **Theresia Musiol-Ingwers** ihren Kleingarten. Nachdem Sie 1979 mit der Familie aus Schlesien geflohen war, wurde nach einigen Jahren der Wunsch nach einem Stück Land groß. Ihre Fachkunde hat sie in einer zweijährigen Fachberaterausbildung ihres Stadtverbandes erworben und ist seit drei Jahren als Stadtfachberaterin tätig.

Echte Kleingärtner
Ein kleines Naturparadies

Was macht einen Naturgarten aus? Der Verzicht auf Pflanzenschutzmittel und chemische Düngemittel natürlich! Aber auch das friedvolle Nebeneinander der Kulturpflanzen, Sommerblumen, Wildkräuter und Beikräuter.

Unter den Weintrauben, die die Pergola zieren, lässt es sich an heißen Tagen gut aushalten. Dass der Wein in der Gegend gut gedeiht, sieht man auf dem ersten Blick: gesunde Blätter und Trauben, und das alles ohne chemische Pflanzenschutzmittel. Der Verzicht auf Pflanzenschutzmittel ist für Frau Musiol-Ingwers besonders wichtig; denn »sonst kann ich mir Gemüse und Obst billiger im Supermarkt kaufen«, sagt sie selbst und zeigt mir dabei ihre Besonderheiten, die nicht überall zu finden sind: Auf der Terrasse wachsen in Töpfen prächtige Exemplare von Duftgeranien, die kleine rosafarbene Blüten zieren. An einer Ecke steht eine weiße Johannisbeersorte zum Ernten bereit. Zwischen Blumen und Kräutern wächst Neuseeländischer Spinat, ein dickfleischiges Blattgemüse, das in den Sommermonaten beinahe wöchentlich geerntet und gekocht wird. Fast schwarz erscheinen die blockigen Paprikafrüchte der Sorte 'Purpleflame'. Daneben gedeihen viele Früchte der Sorte 'Pinokkio', deren längliche gelbe Früchte angenehm mild schmecken. Zwei große Gurkenbeete im Anschluss und dazwischen bunt gemischt Ringelblumen, Dill und Borretsch. Jede Pflanze hat einen Stellenwert im Garten von Frau Musiol-Ingwers, ob nun der Pfirsichbaum, der Wein, die Beerensträucher, Gemüse, Kräuter oder ihre Wildkräuter.

Kürbisse sind Starkzehrer, d. h., sie benötigen viele Nährstoffe, vor allem Stickstoff. Hier werden die Hokkaidokürbisse deshalb auf dem Komposthaufen kultiviert.

Gute Partner im Beet und in der Salatschüssel. Zwischen den Gurken pflanzt Frau Musiol-Ingwers gern Kräuter wie Dill und Borretsch.

Tomatenvielfalt

Fast 20 Tomatenpflanzen zähle ich auf zwei langen Gemüsebeeten: 'Phantasia', eine Züchtung, die eine hohe Toleranz gegenüber der gefürchteten Kraut- und Braunfäule (Phytophtora infestans) haben soll; 'Vanessa', eine sehr beliebte Stabtomate; 'Sweet Million', eine altbewährte Cocktailtomate und nicht zu vergessen 'Vitella', die nach Meinung von Frau Musiol-Ingwers »die Beste« sei. Die Tomatenpflanzen werden alle selbst herangezogen: Im März wird ausgesät, dann in Joghurtbecher pikiert und im Kleingewächshaus bis zur Pflanzung nach den Eisheiligen zu kräftigen Jungpflanzen herangezogen. Jedes Jahr vergleicht Frau Musiol-Ingwers neue Sorten und probiert Neues aus.

Im Zeichen des Kürbis

Kürbisse sind beliebt und das nicht nur in Frau Musiol-Ingwers Kleingarten. Ihre Lieblingssorte ist der orangefarbene Hokkaidokürbis 'Ushiki Kuri', dessen Früchte eine handliche Größe entwickeln und gut ausreifen. Klasse ist zudem, dass diese Sorte mit Schale verwendet werden kann. Kürbisse sind Starkzehrer und brauchen viele Nährstoffe. Frau Musiol-Ingwers pflanzt sie deshalb auf ihrem Komposthaufen. Der Geschmack ist nussig. Für die Zubereitung von Hokkaidokürbis verrät uns Frau Musiol-Ingwers ihr Lieblingsrezept.

Theresias Kürbiscremesuppe

Das Gemüse klein würfeln, Zwiebel und Knoblauch in Öl andünsten, dann Karotten, Sellerie und Kartoffeln dazugeben; kurz anschmoren und mit einem Liter Wasser ablöschen. Das ganze ca. 15 Minuten köcheln lassen.
Dann das gewürfelte Kürbisfleisch und die Gewürze hinzugeben und nochmals 15–20 Minuten kochen lassen. Mit dem Pürierstab alles fein pürieren, die Mehlschwitze mit dem Schneebesen unterrühren, Curry dazugeben und kurz aufkochen lassen.
Am Schluss Orangensaft und Sahne unterrühren.
Zum Verfeinern können Sie geröstete Brotwürfel, Schinkenwürfel oder Lachsstreifen dazugeben.

Kürbiscremesuppe
Zutaten:
2 EL Öl
1 Zwiebel
1 Knoblauchzehe
(wer mag)
2 Karotten
1 kleines Stück Knollensellerie
2 große Kartoffeln
1 kg Kürbisfleisch
1 l Wasser
1 Becher Schlagsahne
150 ml Orangensaft

Gewürze: Salz, Pfeffer, Muskatnuss, Majoran,
1 EL Curry,
Gemüsebrühe
(nach Geschmack)

Mehlschwitze aus
50 g Butter
1 EL Mehl

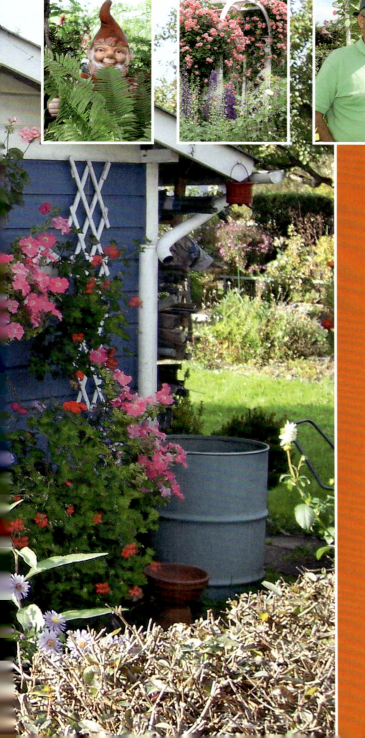

Der Kleingarten als Kreativgarten

Gartenpläne für kreative Gärten	100
Mit schöpferischer Hand	106
Der Gartenzwerg	110
Die dritte Dimension – Klettergehölze und Pergola	112
Ziergehölze im Garten	116
Rosige Zeiten	118
Dauerhafte Schönheit – die Welt der Stauden	122
Blütenorgien mit Sommerblumen	126
Sattes Grün – der Rasen	128
Kreative Gartenlauben	130
Echte Kleingärtner	134

Der Kleingarten als Kreativgarten

Wie ein sanfter Wellengang

Dieser Garten baut sich aus konzentrischen Ringen auf, vergleichbar mit den kreisförmigen Wellen, die ein Kieselstein auslöst, wenn er auf eine ruhige Wasseroberfläche trifft. Im Zentrum der Kreise entsteht ein Raum mit hoher Aufenthalts- und Gestaltungsqualität. Wer einen sowohl für die gärtnerische Nutzung als auch für die Erholung gut nutzbaren Garten mit einer starken kreativen Grundidee möchte, der sollte sich an die Realisierung dieses Entwurfes wagen.

Der Entwurf dieses Gartens mit den Maßen 13,5 x 21,0 m (rund 285 m²) entstand bei einem studentischen Ideenwettbewerb. Der Mittelpunkt der Wellen ist das Wasserbecken an der Südostecke der Terrasse. Es ist sozusagen der Stein, der die Wellen auslöst. Aufgrund seiner besonderen Bedeutung als Konstruktions- und Gestaltungsursprung ist es das Kraftzentrum des Gartens und sollte unbedingt künstlerisch veredelt werden, z.B. durch eine Verkleidung mit Riemchen aus Sandstein oder das Bekleben mit bunten Keramikscherben (wie z.B. im Park Guell von Antoni Gaudi in Barcelona). Die winkelförmig angelegte Laube schließt sich wie eine Hand um den Terrassenbereich und bildet zusammen mit dem begrenzenden Wasserbecken einen gesicherten Raum. Der Bodenbelag könnte ein römischer Verband aus Porphyrplatten sein oder aus Schieferplatten gestaltet

werden. Ihrer Fantasie sind hier keine Grenzen gesetzt. Die Terrasse lädt zum Genießen ein: Hier kann man sitzen und träumen, der Blick öffnet sich in das weite Rund der Rasenfläche. Die Kreisform steht in der Architektur immer für einen nach innen orientierten Raum, der den Menschen aufnimmt und schützt. Er hat von allen geometrischen Grundformen die höchste Aufenthaltsqualität. Begrenzt und definiert wird dieser Innenraum durch das erste Segment der Wellen: Es ist ein Ring aus Stauden und Kräutern, in dem radial mehrere Obstspindeln angeordnet sind. Der Blütenflor der Prachtstauden erfreut das Auge, die Spindeln geben dem Garten Struktur und Halt in der dritten Dimension. Die folgenden Segmente werden durch Gemüsebeete gebildet, bis die Wellen – sinnbildlich – gegen die Gartengrenzen schwappen.

1	BEERENSTRÄUCHER	→ siehe ab S. 50
2	OBSTSPINDELN	→ siehe ab S. 46
3	APFELBAUM	→ siehe ab S. 46
4	HIMBEEREN	→ siehe ab S. 50
5	ZIERSTRÄUCHER	→ siehe ab S. 116
6	GEMÜSEBEETE	→ siehe ab S. 40
7	KRÄUTER	→ siehe ab S. 86
8	STAUDEN	→ siehe ab S. 122
9	RASEN	→ siehe ab S. 126
10	GARTENLAUBE	→ siehe ab S. 130
11	TERRASSE (Natursteinmaterialien)	→ siehe S. 34
12	WASSERBECKEN	→ siehe ab S. 30
13	KOMPOST	→ siehe S. 38
14	PLATTENBELAG	→ siehe S. 32

Weitere verwandte Themen:
Sommerblumen (→ siehe ab S. 126), Anbauplanung (→ siehe S. 78), Schnitt Obstspindeln (→ siehe S. 48)

102 Der Kleingarten als Kreativgarten

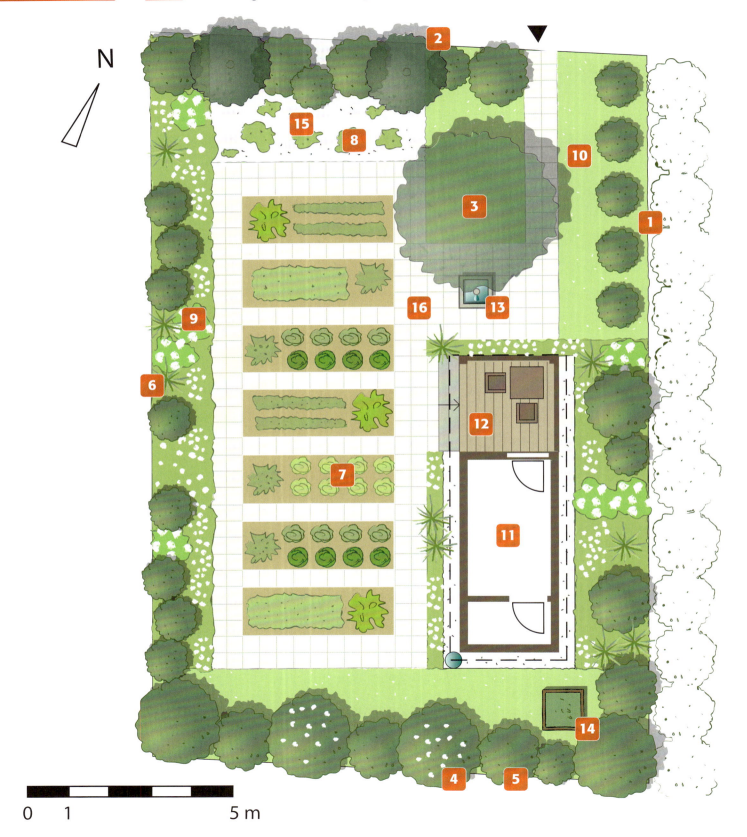

Die kühle Ästhetik des Rasters

Wenn Ihnen Bauhaus und Mies van der Rohe näher stehen als Luigi Colani oder Gelsenkirchener Barock, dann inspiriert Sie dieser Garten sicher für Ihre eigene coole Parzelle! Der Garten misst 12,5 x 18,75 m (rund 235 m²) und könnte mit dem Schlagwort »architektonischer Garten« umschrieben werden. Er ist geprägt durch ein strenges Ordnungsprinzip und eine ganz klare Struktur.

Dieser Garten wurde im Rahmen der Bundesgartenschau München 2005 von einer Pächterin nach den Skizzen des Autors angelegt. Natürlich benötigen Sie für einen solchen Garten die richtige Laube. Eine oberbayerische Satteldachlaube mit überbordendem Ornament wäre unpassend. Im realisierten BUGA-Garten prägt eine elegante, schlanke Pultdachlaube aus Holz mit knappem Dachüberstand und waagrechter Lattung den Garten. Der überdachte Freisitz in Verlängerung des Laubengrundrisses ist wie ein Balkon konzipiert und man kann auf ihm wunderbar ein mediterranes Abendessen bei Wein und Kerzen genießen. Verstärkt wird der südländisch-heitere Charakter des Gebäudes dadurch, dass das Fußbodenniveau gegenüber dem Garten um ca. 40 cm (= drei Stufen) angehoben ist. Die Laube »schwebt« also gewissermaßen über dem Garten.

Die Idee der Pächterin war es nun, die lange, schlanke Grundform der Laube auf den Gartengrundriss zu übertragen und als Gestaltungsprinzip für die Gemüse- und Staudenbeete zu verwenden. Dafür wird konsequenterweise nur ein Bauteil eingesetzt, eine schlichte 40 x 40 cm große Betonplatte, die man in jedem Baustoff-Markt erhält. Mit dieser Platte wird ein Raster aufgebaut, das Zugangsweg und Beete ohne Plattenschnitt oder Zwischenformate erschließt. Der Weg ist dabei zwei Platten breit, die Beetwege eine Platte. Eine besondere Bedeutung kommt dem Brunnenplatz zu. Er liegt direkt vor der Laube, im Übergangsbereich zwischen Gartenweg und dem lang gezogenen Rechteck der Beete. Ein quadratischer Trog aus Nagelfluh steht in einer ruhigen Kiesfläche, die von den Betonplatten eingerahmt wird. Unmittelbar daneben breitet ein Apfelhochstamm seine Äste über den Platz und verleiht ihm eine zeitlose Ästhetik und stille Würde.

Passend zum architektonischen Grundkonzept des Gartens können Sie ein Leitthema für die Bepflanzung wählen. Die Pächterin des BUGA-Gartens legte den »Weißen Garten« an, setzte also nur weißblühende Stauden und Sträucher ein. Neugierig geworden? Sie haben schon eine Menge Ideen? Dann legen Sie los – mit Ihrem eigenen Designer-Garten!

1	BEERENSTRÄUCHER	→ siehe ab S. 50
2	WILDROSEN	
3	OBSTHOCHSTAMM	→ siehe ab S. 46
4	WILDOBST	→ siehe ab S. 84
5	ZIERGEHÖLZE	→ siehe ab S. 116
6	KLEINE ZIERGEHÖLZE	→ siehe ab S. 116
7	GEMÜSEBEETE	→ siehe ab S. 40
8	KRÄUTER	→ siehe ab S. 86
9	STAUDEN	→ siehe ab S. 122
10	RASEN	→ siehe ab S. 126
11	GARTENLAUBE (Pultdach)	→ siehe ab S. 130
12	TERRASSE	→ siehe ab S. 34
13	BRUNNEN	→ siehe ab S. 30
14	KOMPOST	→ siehe ab S. 38
15	KIESFLÄCHE	→ siehe ab S. 72
16	BETONPLATTEN	→ siehe ab S. 32

Weitere verwandte Themen:
Schnitt von Obstspindel (→ siehe S. 48); Obstsorten (→ siehe S. 49)

104 Der Kleingarten als Kreativgarten

Alles im Lot mit Feng-Shui

Dieser Garten wurde von einem jungen Ehepaar mit zwei Kindern im Rahmen der Bundesgartenschau München 2005 angelegt. Er misst 12,5 x 19,0 m (rund 238 m²) und ist – ohne Anspruch auf wissenschaftliche Exaktheit – nach den Prinzipien des Feng-Shui gestaltet. Die Harmonie steht in diesem Garten im Mittelpunkt.

Die chinesische Weltsicht lässt sich sehr gut auf Kleingärten übertragen. Im klar definierten, begrenzten Rahmen Ihres Pachtgartens sind eine Lenkung der stets im Wandel begriffenen Kräfte Yin und Yang und der richtige Einsatz der fünf Elemente Wasser, Feuer, Erde, Metall und Holz besonders effektiv möglich. Ziel des Feng-Shui ist dabei immer eine Harmonisierung des Menschen mit seiner Umgebung. Wenn Sie also mit chinesischer Philosophie liebäugeln, wenn Ihr Garten mehr sein soll – ein harmonisches Ganzes, ein Wohlfühl-Raum – dann lassen Sie sich auf das Abenteuer Feng-Shui ein! Sie werden sehen: Nicht nur Ihr Garten ist im Lot mit Feng-Shui, sondern auch und vor allem Sie selbst! Beginnen wir mit den Tieren: Die »Schildkröte« im Norden gibt Schutz und Sicherheit; Laube, Hecke und Staudenbeete schirmen den Garten effektiv ab. Der »Phönix« im Süden bringt Weitsicht und Überblick; deshalb keine zu hohen Pflanzungen am Eingang. Der Weg, der zur Laube führt, soll nicht gerade, aber auch nicht verwinkelt sein, damit die Energie – das Chi – frei im Garten fließen kann. Wie ein Bachlauf windet sich der mit Polygonalplatten aus Kalkbruchstein befestigte und durch schweifartige Kiesbänder gefasste Weg durch den Garten. Er bildet in seinen Aufweitungen kleine Plätze, die mit Kunstwerken besetzt sind und den Brunnen fassen. Auch die anderen Grundformen des Gartens harmonieren mit den weichen, geschwungenen Linien des Hauptweges. Das Rasenfeld vor der Laube bildet einen weiten, durch Trittplatten aus Schiefer gefassten Bogen, der sich vom Weg bis zum Kompostplatz dehnt. In diesen fügen sich ein kleiner Teich und eine Rundbank harmonisch ein. Das Gemüsebeet ist als Spirale aufgebaut, auf den schmalen Rasenwegen kann man bis in den Mittelpunkt des Nutzgartens vordringen. Schließlich sollten Sie auch die beliebten Feng-Shui-Accessoires in Ihrem Garten einsetzen, z.B. ein Windspiel aus Röhren unterschiedlicher Länge in der halbmondförmigen Rasennische gegenüber der Terrasse. Es signalisiert durch unterschiedliche Töne die momentane Windrichtung.

1	BEERENSTRÄUCHER	→ siehe ab S. 50
2	OBST-HALBSTAMM	→ siehe ab S. 46
3	WILDOBST	→ siehe ab S. 84
4	WEINSPALIER	
5	ZIERGEHÖLZE	→ siehe ab S. 116
6	GEMÜSESPIRALE	
7	KRÄUTER	→ siehe ab S. 86
8	STAUDEN	→ siehe ab S. 122
9	ROSEN	→ siehe ab S. 118
10	RASEN	→ siehe ab S. 126
11	WILDBLUMENWIESE	→ siehe ab S. 92
12	GARTENLAUBE	→ siehe ab S. 130, 54
13	TERRASSE	→ siehe ab S. 34
14	BRUNNEN	→ siehe ab S. 30
15	KOMPOST	→ siehe ab S. 38
16	KIES	→ siehe ab S. 72
17	POLYGONALPLATTEN	→ siehe ab S. 34
18	WINDSPIEL	
19	KUNSTWERK	→ siehe ab S. 106
20	SITZBANK	→ siehe ab S. 106
21	TEICH	→ siehe ab S. 70

Weitere verwandte Themen:
Gemüse (→ siehe S. 40), gesundes Obst (→ siehe ab S. 80), Schnitt von Rosen (→ siehe S. 120)

Mit schöpferischer Hand

Was wäre der Kleingarten ohne die liebevolle Ausgestaltung mit kreativen Details? Im Kleingarten können Sie nicht nur sinnvoll und entspannend gärtnern, sondern auch Ihre Gestaltungslust ausleben.

Ob ein Gemälde an der Laube, eine selbst gezimmerte Gartenbank, Wimpel und Fahnen oder der berühmte Gartenzwerg – die liebevollen und individuellen Details sind das Salz in der Suppe, der Senf auf dem Würstchen, die Sahnehaube auf dem Kaffee. Praktisch jeder von uns hat eine kreative Ader in sich, jeder Gärtner sowieso, und deshalb bietet sich der Garten einfach an, diese Gestaltungslust auszuleben. Dass dabei eine Bandbreite von echter Kunst bis hin zum herzhaften Kitsch entsteht, versteht sich von selbst und – ehrlich gesagt – das ist ja auch das Schöne am Kleingarten: Jeder kann sich nach eigenem Gusto verwirklichen. Natürlich findet man auch Kitsch oder Dinge, die sich am Rande oder jenseits des guten Geschmacks bewegen. Ob es einen ärgert oder erfreut, liegt (leider) im Auge des Betrachters. Daher gilt: Erlaubt ist, was gefällt, wenn es die Gartenordnung zulässt und wenn es den Gartennachbarn nicht stört, ärgert oder in seinem ästhetischen Empfinden nachhaltig beeinträchtigt. Anlass für eine Revolution in Ihrer Anlage sollten Sie allerdings nicht bieten!

Im Folgenden wollen wir versuchen, die schier unerschöpfliche Fülle der Gestaltungsmöglichkeiten ein wenig zu ordnen und Ihnen Anregungen und Beispiele für die kreative Veredelung Ihres eigenen Gartens an die Hand zu geben.

Raumbildende Elemente

Garteneingang: Auch wenn es inzwischen viele Kleingartenanlagen ganz ohne Zäune um die Gärten gibt – ein Eingangstürchen möchten die meisten doch haben: Es grenzt den privaten vom öffentlichen Raum ab. Gleichzeitig ist das sozusagen die Visitenkarte des Pächters und sagt viel aus über Charakter, Temperament und Interessen. Sofern es keine einheitlichen Gestaltungsvorschriften in der Gartenordnung gibt, sind in Bezug auf Form, Material und Farbgestaltung der Fantasie kaum Grenzen gesetzt.

Rankgitter und Rosenbögen: Ein Rosenbogen steht meist richtig am Eingang. Er verleiht dem Auftakt zum Garten eine gewisse Noblesse. Rankgitter werden oft an der Laube – z. B.

Ein Hauch von Provence verbreitet dieser gusseiserne Tisch mit den beiden Stühlen in strahlendem Blau. Die Sitzgruppe harmoniert perfekt mit den gestrichenen Fensterläden.

in Verbindung mit dem Sitzplatz und der Terrasse – angebracht, können aber auch als transparenter Raumteiler frei im Garten stehen. Meist sind diese Elemente aus Holz oder Metall gefertigt. Die passenden Kletterpflanzen dürfen dann natürlich auch nicht fehlen (→ siehe S. 112 ff.).

Die Ausstattung aufpeppen

Laubendekorationen: Die Laube ist für viele Kleingärtner das Prunkstück ihres Gartens und wird mit entsprechend viel Liebe ausstaffiert. Von der Farbgebung der Wände über die künstlerische Bearbeitung von Tür, Fensterläden und Dachgiebel bis hin zu Dekorationselementen, Schildern oder Wandgefäßen reichen die Ideen. Schauen Sie, was am besten zum Stil Ihres Gartens und zu Ihnen selbst passt und geben Sie Ihrer Laube so ein unverwechselbares Gesicht.

Wasserbecken und Brunnen: Wem es in den Fingern juckt, der kann aus einem einfachen Wasserbecken oder dem Brunnen einen Blickfang machen. Verzieren Sie z. B. das Becken bzw. den Brunnen mit Natursteinriemchen oder Keramikscherben (→ siehe S. 30), bearbeiten Sie die Betonoberfläche reliefartig oder setzen Sie komplette Naturstein-Schalen oder Naturstein-Wannen ein.

Möblierung: Nur wenige Möbelstücke sind für die Nutzung des Gartens und den täglichen Gebrauch wirklich nötig. Begrenzen Sie die Zahl der Elemente und legen Sie umso mehr Gewicht auf eine geschmackvolle Auswahl. Setzen Sie dann einige Besonderheiten wie Beistelltisch, Spiegel oder einen eleganten Liegestuhl gezielt als gestalterische Höhepunkte ein. Ob Sie dabei moderne Formen und Materialien, den eher nordischen Landhausstil oder den sinnlichen, mediterranen Stil des Südens, historische Möbel oder schlichtes Gebrauchsdesign bevorzugen, bleibt ganz Ihnen überlassen. Entdecken Sie Ihren eigenen Stil!

Viele kleine »i-Tüpfelchen«

Licht: Wenn abends die Dämmerung einsetzt, ist es an der Zeit, Ihrem kleinen Paradies mit Licht eine zusätzliche Dimension zu verleihen. Da nur in einigen älteren Kleingartenanlagen Stromanschluss in den Lauben zugelassen ist, sollten Sie auf natürliches Licht oder Solarenergie zurückgreifen (Solarmodule sind unter bestimmten Bedingungen erlaubt,

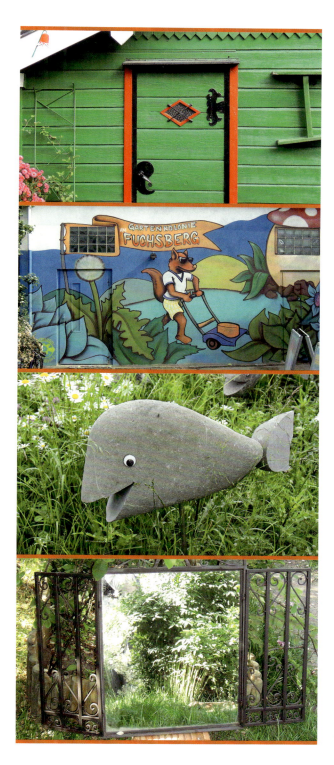

Kräftige Farben und liebevolle Details geben dieser Gartenlaube den besonderen Pfiff.

Cooler Fuchs: Graffiti-Bilder machen im Kleingarten, hier z. B. an der Wand des Gerätelagers, nicht Halt.

Kunst oder Kitsch? Eine Steinfisch-Skulptur schnappt im Blumenbeet nach Futter.

Kreatives Täuschungsmanöver – mit einem Spiegel wirkt ein kleiner Garten größer und der Garten bekommt eine neue räumliche Tiefe.

108 Der Kleingarten als Kreativgarten

Fast wie neu
Greifen Sie doch mal zum Farbtopf. In die Jahre gekommene Lauben, Rankgerüste oder Tore bekommen damit schnell ein neues Gewand.

Bekennen Sie Farbe: Sommerliche Farben lassen auch alte Gartentore wieder erstrahlen. Verzierungen und Ornamente verleihen dem Gartentor Individualität und Ausdrucksstärke.

fragen Sie beim Verein nach). Mit Fackeln, Solarleuchten, Kerzen, Lampions oder Laternen können Sie gezielt Leuchtpunkte setzen, die Terrasse abends stimmungsvoll erhellen, interessante Gestaltungsdetails hervorheben oder schöne Pflanzen raffiniert ausleuchten.

Figuren und Skulpturen: Zu den beliebtesten Accessoires im Garten zählen Figuren und Skulpturen – und das in atemberaubender Bandbreite. Alles ist möglich: Von den unvermeidlichen Tierfiguren wie Fröschen, Vögeln oder Rehen über die ganze Vielfalt der menschlichen Darstellung, z.B. in Form von Büsten, weiter zu den Märchenfiguren bis hin zu – künstlerisch wertvollen – Skulpturen oder Plastiken aus Stein, Beton, Metall, Holz, Ton ist alles möglich und gibt es auch alles. Und selbst Vogelscheuchen sind uns in Deutschlands Gärten schon begegnet!

Symbolträchtiges: Eng verwandt mit diesen Figuren sind viele der Esoterik-Accessoires, die – als teilweise uralte Symbole – in die modernen Kleingärten neuen Einzug gehalten haben. Hierzu zählen Wind-, Klang- und Wasserspiele, Hexenkugeln (bei uns besser bekannt als Rosenkugeln, helfen bekanntermaßen gegen den bösen Blick), Hufeisen über der Laubentür, Yin-und-Yang-Kreise, Wetterhähne oder andere Tiersymbole. Gemeinsam ist diesen Accessoires im Unterschied zu den reinen Schmuck-Figuren, dass sie eine tiefere Bedeutungsebene besitzen, die aus einer religiösen, philosophischen, mystischen oder auch okkulten Lehre stammt (Hexensymbole!). Wer sich mit der entsprechenden Lehre beschäftigen will (→ siehe Feng-Shui S. 105) oder wen einfach die pure Schönheit dieser Gegenstände erfreut, für den sind solche Accessoires ein Muss im Garten!

Brauchtum und Traditionelles: Vieles, was schmückend unsere Gärten bereichert, entstammt der Volkskunst und ist aus teils jahrhundertealten Traditionen abgeleitet. So finden wir in unseren Kleingärten immer wieder Zitate aus dem heimischen Bauern- oder Klostergarten. Aber vor allem die Menschen mit Migrationshintergrund, die in unsere Gärten kommen, aus Kasachstan, aus Anatolien oder vom Peloponnes, bringen ihr Brauchtum mit. Sie bereichern unsere Kleingartenanlagen mit bezaubernden Details und verleihen ihren Gärten einen unverwechselbaren Reiz.

Behälter: Vasen, Töpfe, Körbe, Gefäße aus Stein, Holz, Metall oder Porzellan: die Zahl der Formen, Farben und Materialien der für einen Garten geeigneten Behälter ist unerschöpflich und somit auch die Einsatzmöglichkeiten. Ob als Pflanzbehältnis (z. B. für all die wunderbaren, nicht frostharten Blühsträucher, die man mühevoll über den Winter gebracht hat), ob für die ersten Weiden- und Kirschzweige im Frühjahr oder als reines Dekorationsobjekt, ob hängend, stehend, liegend oder halb eingegraben: immer findet sich ein geeignetes Plätzchen im Garten, um eine Vase aufzustellen oder einen schönen Korb zu platzieren. Wir wollen Sie dabei nicht bremsen, denn ehrlich gesagt: Wir können selbst nicht genug davon kriegen!

Steiniges: Steinmaterialien können dem Garten eine weitere Dimension der Ausdrucksmöglichkeiten verleihen. Variieren Sie die Struktur (Bruchstein, Rundkorn, Platten), die Textur, d. h. die Beschaffenheit der Oberfläche (glatte, gekörnte, geriffelte Oberfläche), die Größe (feiner Sand oder Splitt, Flusskies, Wasserbausteine oder ganze Felsbrocken) und die Farbe (weißer Kies, roter Bimsstein, grüngrauer oder blaugrauer Granit, schwarzer Schiefer). Betonen Sie die Pflanzflächen mit einigen größeren Steinen, schütten Sie den Kies in geometrische oder ornamentale Flächen oder fassen Sie Ihren Teich mit Kalkbruchsteinen ein. Ihrer Fantasie sind keine Grenzen gesetzt.

Fahne, Wimpel und Flaggen: Über vielen deutschen Kleingärten wehen Fahnen: Deutschlandfahne, Bayernfahne, Italienfahne, Schweizerfahne, selten auch die Fahne der europäischen Union. Und nicht nur das: Auch Totenköpfe, Piraten mit gekreuzten Säbeln oder das Harley-Davidson-Emblem flattern hier und da über den Hütten im Wind. Wenn Sie ein Fahnen- oder Flaggenfan sind, reden Sie mit dem Vorstand der Anlage, der Ihnen gern sagt, was erlaubt ist und was nicht. Und dann: Viel Spaß beim Flagge zeigen!

Schilder und Tafeln: Wegeschilder, Hausnummern, Namensschilder und vieles mehr; auf Holz, auf Blech, auf Porzellan: Für jeden Anlass und jedes Thema gibt es ein passendes Schild. Irgendwo an der Hüttenwand oder am Eingang findet sich auch ein Plätzchen dafür.

Gebrauchtes: Alte Schwengelpumpen, hölzerne Wagenräder, gebrauchte Gartengeräte, antike Badewannen oder Waschzuber: Wer ausgedienten Gebrauchsgegenständen einen letzten großen Auftritt verschaffen will, der gibt ihnen einen schönen Ehrenplatz im Garten. Aber Vorsicht: Es droht Kitschgefahr ... Ein wenig Kontrolle über die Dekorationslust kann also nicht schaden.

Elegant und nobel wirkt diese schattige Sitzbank (oben). Ganz und gar nicht bissig ist das selbst geschnitzte Holzkrokodil (unten), das hinter der Laube lauert.

Der Gartenzwerg

Für die einen gehört er unabdingbar in jeden Kleingarten, für die anderen ist er eher ein abschreckender Geselle, der unbedingt gemieden werden soll. Es folgt eine – nicht ganz ernst gemeinte – Abhandlung über den Ursprung und das Wesen des Gartenzwergs und über seine Zukunft.

Sie werden geliebt und gehasst: die Gartenzwerge. Kitsch oder Kunst – jeder hat seine eigene Antwort. Dem verschmitzt lächelnden Gesellen hier im Bild wird es wohl ganz egal sein.

»Zwerg« ist nicht nur eine Bezeichnung für kleine Menschen (Nanus pygmaeus), sondern auch für die große Zahl kleiner Gestalten, die ihren Ursprung in der Geschichte, Mythologie, in Märchen, Sagen und Legenden haben. Allein in Europa soll es mehr als 800 Nachweise von Zwergen geben. Man kennt sie als Heinzelmännchen, Kobolde, Trolle, Dwarfs, Gnome und unter vielen weiteren Bezeichnungen. All diese Zwerge sind mit dem Aberglauben verbunden und nicht physisch existent; die Abbildungen stützen sich vor allem auf mündliche Überlieferungen.

Frei von jedem Aberglauben ist der Gartenzwerg (Nanus hortorum vulg.) Er ist ein Produkt des Kunsthandwerks, das erstmals um 1872 in Erscheinung trat. Der Töpfer Philipp Griebel aus dem thüringischen Gräfenroda formte den ersten Gartenzwerg aus Terrakotta und erweckte damit eine ganze Industrie zum Leben. Diese Figur war den Barockzwergen in Weikersheim bei Salzburg (Österreich) nachempfunden. Der Zwerg kam auf den Markt, als in den Städten mit starkem Zuwachs von Industriearbeitern die ersten Schrebergärten entstanden. So wurde der erstmals auf der Leipziger Messe gezeigte Zwerg quasi über Nacht zum Gartenzwerg, auch als »Statue des kleinen Mannes« bezeichnet. Er bestand aus keramischem Material, in der Regel Terrakotta oder Ton, und wurde von Hand gefertigt und bemalt. Manche Nanologen (Zwergenforscher) sehen im Gartenzwerg einen verzwergten Weihnachtsmann. Wahrscheinlicher aber sind seine Vorbilder kleinwüchsige Bergleute (auch Kinderarbeit war zur mittelalterlichen Zeit üblich), die als Schutz vor herabfallenden Gesteinsbrocken eine mit Lumpen ausgestopfte Ledermütze aufhatten. Somit war die Zipfelmütze mithin eine Art Sicherheitshelm. Ein weiteres Indiz für die bergmännische Herkunft sind die derben Schuhe und die umgebundene Schürze.

Gar nicht menschenscheu

Die Zwerge der Märchen- und Sagenwelt hassen es, von Menschen gesehen zu werden. Denken wir nur an die fleißigen Heinzelmännchen von Köln, die des Nachts für Ordnung

Ein in Würde gealterter Zwerg. Die Patina steht ihm gut.

Wer wäre nicht neidisch auf diesen Zwerg – er darf sich in der Hängematte ausruhen. Auch fleißige Helfer dürfen mal die Frühjahrssonne ausgiebig genießen.

sorgten. Dies ging so lange gut, bis eine neugierige Dame ihnen nachts auflauerte. Danach sind die Zwerge niemals wiedergekommen. Die Ausnahme ist der Gartenzwerg: Er lebt fast ausschließlich in der Nähe des Menschen.
Diese Harmonie wurde in den 90er-Jahren des vorigen Jahrhunderts von einem Provokateur gestört, dem »Nanus perversus«. Ihn gibt es als Exhibitionisten, als Lack-und-Leder-Fetischisten, aber auch mit gestrecktem Mittelfinger und mit entblößtem Hintern. Um diese Skandalzwerge hat es schon viele Prozesse gegeben: Ein Gartenzwerg, der dem Nachbarn den ausgestreckten Mittelfinger zeigte, wurde von der Justiz nicht als harmloser Scherz, sondern als Ehrverletzung gesehen. Das Gericht ordnete die Entfernung des »Giftzwerges« an. Anders sah es das Gericht, als der Zwerg um den ausgestreckten Mittelfinger einen Verband mit einer Blume trug. Nun befand das Gericht: »Stoff und Blume beseitigen die Geste der Missachtung.« Der Zwerg durfte bleiben.
Aber auch ganz normale Gartenzwerge wurden schon vor Gericht gezerrt: So gab es einen Fall in Hamburg, bei dem ein Rentner in einer Wohnanlage einen kleinen Zwerg aufstellte. Eine Nachbarin klagte dagegen und bekam letztendlich vor dem Oberlandesgericht recht. Dieses entschied, dass der Zwerg die Außenfront der Wohnanlage verändere. Eine Aufstellung des Gartenzwergs ist ohne Erlaubnis der Miteigentümer somit nicht gestattet.
Seit einiger Zeit hat ein Nachfahre des Gartenzwergerfinders, Reinhard Griebel, ein dralles Zwergenmädel im Sortiment. Für viele eine »Schändung der Gartenzwerg-Ehre«, denn der Wichtel brauchte bisher zur Vermehrung keine Frau, sonst wären sie ja auch schon längst ausgestorben! Man wird sehen, ob die Männeridylle in Zukunft von den Zwergenmädels aufgemischt wird …

Quelle: Dipl.-Ing. Ferdinand Kilius/Fachberater Verband der Kleingärtner Baden-Württemberg in »Bayerischer Kleingärtner« Heft 1/2008

Die dritte Dimension – Klettergehölze und Pergola

Eine Pergola im Pflanzbeet ist eine ungewöhnliche Idee: Sie verleiht dem Garten Struktur und ist ein dekorativer Blickfang.

Hätten Sie gern ein Plätzchen, wo Sie sich zurückziehen, wenn es z. B. vor der Laube zu heiß oder zu laut wird? Mit einem Rankgerüst oder einer Pergola wird so ein Platz zum idealen Wohlfühlort.

Ob Pergola in einfacher, vertikaler Form, ein Rankgerüst, ein Rankbogen oder ein Spalier – in Kombination mit einer schönen Bank entsteht ein Ort der Entspannung, der einem sogar ein bisschen Urlaubsfeeling vermittelt. Ist die Pergola mit Rosen berankt oder von Stauden und Kräutern umgeben, hat man im Kleingarten einen geradezu paradiesischen Ort geschaffen.

Die Pergola (von lateinisch *pergula* = Vor- bzw. Anbau) war ursprünglich ein raumbildender Säulen- oder Pfeilergang im Übergangsbereich zwischen Haus und Terrasse. Pergolen oder Laubengänge haben ihren Ursprung in den Mittelmeerländern, wo man immer schon versuchte, sich vor der drückenden Tageshitze an einem schattigen Platz zu schützen.

Fertigbauteile oder Eigenkonstruktion?

In jedem Bau- und Gartenfachmarkt kann man mittlerweile verschiedene Pergolen und Rankgerüste zur Selbstmontage kaufen. Die verschiedensten Formen und Materialien werden angeboten. Gerade recht günstige Elemente sind allerdings nicht besonders langlebig und stabil. Besser ist es, man besorgt sich die Einzelteile selbst in einer Zimmerei, Schreinerei oder im Baufachmarkt. Wer sich das nicht zutraut, kann sich vom Schreiner ein Angebot machen lassen.

Die dritte Dimension – Klettergehölze und Pergola

Achten Sie bei der **Konstruktion** einer Pergola auf eine stabile und vor allem sichere Bauweise, die dem späteren Gewicht der Kletterpflanzen oder Schneelasten stand hält. Für die Konstruktion ist ein Stützenabstand von ca. 3 m ideal; die lichte Höhe der Pergola sollte mindestens 2,3 m betragen. Die Stützen bestehen meist aus Rund- oder Kantholz mit einem Durchmesser von 80 x 80 mm bis 120 x 120 mm. Möglich sind auch hoch gemauerte Pfeiler aus Ziegel, Klinker, Betonsteinen sowie Natursteinpfeiler (Monolithpergola) oder Stahlkonstruktionen. Die waagrechten Träger oder Pfetten bilden das tragende Gerüst für die Auflage (z. B. Rund-, Kantholz, Stahl). Darauf oder daran befestigt man die Auflagenelemente/Lamellen, z. B. aus geschnittenem Holz oder Holzbohlen, seltener aus Stahl. Die Pfetten sollten einen Überstand von 20 bis 50 cm haben. Interessant sind auch textile Elemente, die in die Pfettenkonstruktion eingespannt werden.

Pergolenfuß: Wegen Fäulnisgefahr sollten die Pfosten mindestens 5 cm über dem Boden enden. Dies wird üblicherweise durch Stahlprofile bewerkstelligt, meist als U-förmiger Pfostenschuh mit einer Stahlstütze, die auf dem Fundament aufgeschraubt wird oder in das Fundament eingelassen ist. Besonders elegant ist die Lösung, einen Schlitz in das Holz zu fräsen und das Stahlprofil innen einzuführen und zu verschrauben, da so kein Angriffspunkt für Wasser entsteht.

Fundament: Für eine lange haltbare und stabile Konstruktion gibt es keine Alternative zu klassischen Betonfundamenten. Der Boden wird – bei guten Bodenverhältnissen, die senkrechte Grubenwände ermöglichen – ausgehoben auf die notwendige Fundamentbreite von 30 x 30 bis 40 x 40 cm. Ist der Boden nicht stabil und rutscht nach, müssen Sie eine größere Grube mit Böschungen ausheben, damit Sie eine Schalung für das Fundament anlegen können. Eine frostsichere Tiefe in mitteleuropäischen Breiten ist – je nach Region – 80 bis 120 cm. Beachten Sie beim Graben, dass Sie ca. 15 bis 20 cm mehr Boden ausheben müssen als die Fundamenttiefe, damit Sie eine Sauberkeitsschicht aus Kiessand einbringen und zu einem stabilen Baugrund verdichten können. Wenn Sie an die Pergola mit einem Belag anschließen, sollten Sie mit dem Fundament entsprechend tief unter der geplanten Oberkante Gelände bleiben, um mit Belagsbett und Belag darüber führen zu können.

Ein klassisches Rankgerüst aus Holz als Garteneingang: Durch die richtige Rasterweite der quadratisch angeordneten Holzlatten finden hier viele Klettergehölze (z. B. Rosen) die richtigen Bedingungen zum Klettern.

Wertvolle und beliebte Kletterpflanzen

Name	Höhe in m	Blütezeit in Monaten	Geeignet für	Standort, Bemerkungen
Strahlengriffel (*Actinidia arguta*)	4–5	6–7	Lattengerüst, Pergola	halbschattig bis schattig; mäßig bis guter Boden; duftend; schöne Herbstfärbung
Pfeifenwinde (*Aristolochia macrophylla*)	6–10	6–8	Lattengerüst, Spanndrähte, Pergola	halbschattig; mäßig bis guter Boden; Anbinden nötig
Trompetenblume (*Campsis radicans*)	7–10	7–9	Laubenwand, Pergola; selbsthaftend	sonnig bis halbschattig; guter humoser Boden
Clematis-Hybriden in Sorten	6–8	5–10 je nach Sorte	alle Rankgerüste	sonnig bis halbschattig; guter humoser Boden; Wurzel beschatten; duftend
Waldrebe (*Clematis vitalba*)	10	7–9	alle Rankgerüste	sonnig bis schattig; mäßiger Boden; duftend
Winterjasmin (*Jasminum nudiflorum*)	5	2–4	Lattengerüst, Pergola	sonnig; mäßig bis guter Boden; Anbinden nötig
Heckenkirsche (*Lonicera caprifolium*)	3–5	5–6	alle Rankgerüste	sonnig; mäßig bis guter Boden; duftend
Wilder Wein (*Parthenocissus* spec.)	8–12	6–7	Laubenwand, Pergola, Lattengerüst; selbsthaftend	sonnig; auch für schlechte Böden; tolle Herbstfärbung
Kletterrosen in Sorten (*Rosa* spec.)	2–6	5–10	alle Rankgerüste	sonnig; guter humoser Boden; duftend
Wein (*Vitis vinifera*)	30	6–7	stabile Lattengerüste, Pergola	sonnig bis halbschattig; guter, durchlässiger Boden; tolle Herbstfärbung
Blauregen (*Wisteria sinensis*)	bis 30	5–6	wegen großen Gewichts älterer Pflanzen nur an Laubenwand und Pergola	sonnig; wärmebedürftig durchlässiger Boden; duftend

Clematis und Kletterrosen bilden ein schönes Team. Bei *Clematis* ist zu beachten, dass sie einen beschatteten Wurzelfuß benötigt, um dann umso strahlender mit ihren Blüten zur Sonne zu streben.

Pergola und Gartenordnung

Eine Pergola ist ein schönes, aber auch dominantes Bauwerk in Ihrem Garten. Schauen Sie deshalb in die Gartenordnung oder sprechen Sie mit dem Fachberater oder dem Vorstand des Vereins, um zu erfahren, was in Ihrer Anlage erlaubt ist und was nicht. Denken Sie daran: Pergolen sollten nicht als (unzulässige) Vergrößerung der Laube eingesetzt und dann irgendwann überdacht werden, sondern als ästhetisch ansprechendes, eigenständiges gartenarchitektonisches Element an der richtigen Stelle in die Gesamtplanung Ihres Gartens integriert werden.

Gekrönt mit Kletterpflanzen

Eine Pergola ohne die richtige Bepflanzung ist nur die Hälfte wert. Prädestiniert sind Klettergehölze. Kletterpflanzen können ein- oder mehrjährig, krautig oder verholzend sein. Für Pergolen eignen sich die dauerhaften, überwinternden Arten besser. Kletterpflanzen werden nach ihrer Klettertechnik unterschieden:

- **Ranker** winden ihre Rankorgane wie Fangarme um das Gerüst, z. B. Waldrebe (*Clematis*) oder Echter Wein (*Vitis vinifera*).
- **Schlingpflanzen** oder Winder winden ihre Triebe spiralförmig, z. B. Blauregen (*Wisteria*) oder Geißblatt (*Lonicera*).
- **Spreizklimmer** halten sich mit Stacheln oder Dornen fest, z. B. Rosen (*Rosa*) oder Brombeeren (*Rubus*).
- **Selbstklimmer** bilden spezielle Haftorgane aus, z. B. Wurzeln (Haftwurzelkletterer); dazu gehören z. B. Efeu (*Hedera*), Trompetenwinde (*Campsis*), Kletterhortensie (*Hydrangea petiolaris*) oder Wilder Wein (*Parthenocissus*)

Bei der Bepflanzung der Pergola sollte die Klettertechnik berücksichtigt werden. Eine Rose als Spreizklimmer kann z. B. nichts mit senkrecht gespannten Stahldrähten anfangen, sie braucht eine Gitterkonstruktion mit genügend großen Öffnungen, in die sie ihre Triebe verspreizen kann. Der Wilde Wein hingegen benötigt eher eine zusammenhängende, nicht zu glatte Fläche, um seine Haftwurzeln befestigen zu können. Am besten kommen die Ranker und Winder mit einer Pergolen-Konstruktion zurecht. Die meisten Kletterpflanzen lieben einen beschatteten, feuchten Wurzelbereich sowie Licht und Sonne im Bereich der Blattmasse.

Edel und nostalgisch: ein schmiedeeiserner Rankbogen. Durch die Beschichtung ist er zudem wetterfest.

Romantisch: Ein weiß lackiertes Rankgitter schützt den Freisitz. Im Laufe der Jahre wurde es von Kletterrosen überwachsen.

Ziergehölze im Garten

Neben unseren Obstgehölzen und Beerensträuchern verleihen Zier- und Klettergehölze unseren Kleingärten Struktur und Lebendigkeit.

Vor allem heimische Laubgehölze, die Früchte tragen – wie das bereits vorgestellte Wildobst – sind ökologisch wertvoll. Andere Ziergehölze werden vor allem wegen ihrer Schönheit angepflanzt. Fest verwurzelt erfreuen sie uns Jahr für Jahr. Sie können unattraktive Stellen im Garten verdecken, den Kleingarten nach außen abgrenzen oder kommen in Einzelstellung erst richtig zur Geltung.

Schneiden Sie alte Triebe von Ziergehölzen bodennah ab (rot in der Abb.) oder leiten Sie sie auf einen Jungtrieb um.

Niedrigwüchsige Spiersträucher eignen sich gut für halbhohe Hecken. Ihre zahlreichen Blüten zeigen sie – je nach Art und Sorte – in Weiß oder Rubinrot von Juli bis September.

Während auf Gemeinschaftsflächen große Ziergehölze und auch Bäume Verwendung finden, ist auf der eigenen Parzelle nicht alles erlaubt. Nach dem Bundeskleingartengesetz dient ein Kleingarten zur nicht erwerbsmäßigen Nutzung, insbesondere zur Gewinnung von Gartenbauerzeugnissen für den Eigenbedarf und zur Erholung. Aus diesem Grunde ist die Anpflanzung von Wald- und Parkbäumen und sonstigen hochstämmigen Bäumen in den meisten Rahmengartenordnungen der Kommunen bzw. nach den Gartenordnungen von Kleingartenverbänden und -vereinen untersagt. Hohe Gehölze bilden ein großes Wurzelsystem aus und werfen weite Schatten. Aus diesem Grunde beeinträchtigen diese den Anbau von Obst, Gemüse und Kräutern und somit die kleingärtnerische Nutzung.

In der Gartenordnung Ihres Vereins, beim Vorstand und beim Fachberater erhalten Sie die notwendigen Informationen, welche Vorschriften Sie bezüglich Höhe der Gehölze, Verwendung und Pflanzabstände beachten müssen. Bedenken Sie, wer ein unzulässiges Gehölz auf seiner Parzelle pflanzt, darf sich nicht wundern, wenn dieses wieder entfernt werden muss. Trotz Einschränkungen gibt es eine große Auswahl schöner Ziergehölze für den Kleingarten.

Gut geerdet und geschnitten

Ziergehölze bleiben viele Jahre am gleichen Standort, daher nehmen Sie sich für die Planung und Pflanzung Zeit. Ballierte oder wurzelnackte Ware wird während der Wachstumsruhe verpflanzt, d. h. im Herbst nach dem Laubabfall oder im zeitigen Frühjahr.

- Heben Sie eine ausreichend große Pflanzgrube aus – am besten doppelt so groß wie der Ballen bzw. das Wurzelwerk. Trennen Sie dabei Unter- und Oberboden.
- Pflanzen Sie Ihr Ziergehölz so hoch, wie es vorher in der Baumschule gepflanzt war. Dies erkennt man an der Färbung des Wurzelhalses bzw. Stammes.
- Füllen Sie mit humoser, durchlässiger Erde auf. Gießen nicht vergessen.

Eine Auswahl geeigneter Gehölze für den Kleingarten

Art	Sorte	Beschreibung
Zierjohannisbeere (*Ribes sanguineum*)	'King Edward VII'	8 cm lange, rote Blüten vor dem Laubaustrieb; 2,0 m hoch; schöne Sorte; weiße Blütenrispen; schwarze runde Beeren
Buschhortensie (*Hydrangea aborescens*)	'White Icicle'	20 cm große, weiße Blüten; 1,0 m hoch; Tipp: Trocknen der Blüten
Samthortensie (*Hydrangea aspera*)		25 cm große, innen violette, außen weiße Blüten; 2,0 m hoch; samtige Behaarung; für Halbschatten geeignet
Gartenhortensie (*Hydrangea macrophylla*)	'Bluebird'	rot-lila-purpurfarbene Innenblüten, Randblüten heller; 1,5 m hoch
	'Blaumeise'	blaue Blüten; mit Kaliumaluminiumsulfat ab und zu düngen
	'Madame E. Moulliere'	schneeweiße Blüten
Roseneibisch (*Hisbiscus syriacus*)	'Oiseau Bleu'	blauviolette Sorte, malvenähnliche Blüten
	'Hamabo'	rosa Blüten; schöner Sommerblüher
	'Helene'	rosa bis weiße Blüten mit dunkelroter Mitte
Pfaffenhütchen (*Euonymus europaeus*)		rote Früchte wie Pfaffenhüte; Wildgehölz; giftig
Spierstrauch (*Spiraea* x *bumalda*)	'Anthony Waterer'	rubinrote Blüten an einjährigen Trieben, bis 1,5 m hoch
Schneespiere (*Spiraea* x *arguta*)		weiße Blüten an langen Trieben; ausladend; bis 1,6 m hoch
Japanischer Spierstrauch (*Spiraea nipponica*)	'Snowmound'	schöne, weiße Spiräenart; pflegeleicht
Maiblumenstrauch (*Deutzia gracilis*)		1,5 m hoch; schönes Blühgehölz
Pfeifenstrauch (*Philadelphus* x *intermedia*)	'Dame Blanche'	halbgefüllte Blüten, intensiv duftend; 1,5 m hoch; wichtige Nektarpflanze
	'Belle Etoile'	weiße Blüten mit pinkfarbener Mitte, hibiskusähnlich; bis 1,5 m hoch
Heckenberberitze (*Berberis thunbergii*)	'Atropurpurea'	dunkelrote Blätter, Stacheln; auch für niedrige Hecken geeignet
Forsythie (*Forsythia* x *intermedia*)	'Goldzauber'	große, gelbe Blüten; auch für Spätfrostlagen geeignet
	'Week End'	gelbe Blüten; wenig Schnittmaßnahmen notwendig
Ranunkelstrauch (*Kerria japonica*)	'Pleniflora'	bewährte Sorte; leuchtend gelb, gefüllte Blüten; 2,0 m starker Rückschnitt möglich
Ranunkelstrauch (*Kerria japonica*)		ungefüllte Blüten; schmalwüchsig
Fingerstrauch (*Potentilla fruticosa*)	'Goldteppich'	große, goldgelbe Blüten mit langer Blütezeit; mehltaufrei

Die Kunst beim **Ziergehölzschnitt** besteht darin, dem Strauch seine natürliche Form zu belassen. Einfach die Ziergehölze »oben einzukürzen« ist nicht richtig! Entfernen Sie alles alte Holz aus dem Inneren des Strauches direkt am Boden und leiten Sie den Trieb auf einen Jungtrieb ab. Nur können sich auch im Inneren wieder junge Triebe mit einer Vielzahl von Blättern bilden. Kürzt man aber, wie beim sogenannten Hausmeisterschnitt, nur oben ein, erwischt man die jungen, kraftvollen Triebspitzen und ein kräftiger Austrieb von unten heraus unterbleibt. Anstelle dessen kommt es zu einem »besenartigen« Wuchs im oberen Teil des Strauches und die Sträucher werden noch höher. Ferner verkahlen die Sträucher von unten, es entwickeln sich dort weniger Blattmasse und Blütenfülle und im Laufe der Jahre wirken sie unästhetisch.

Wunderschön rot gefärbt zeigen sich im Herbst die Blätter der Zaubernuss (*Hamamelis*).

Rosige Zeiten

Oft werden Rosen als die Königin der Gehölze bezeichnet – und das zu Recht. Dank ihrer Blütenfülle, dem oft betörenden Duft und ihrer eleganten Erscheinung sind sie einfach bezaubernd und majestätisch.

Der Rankbogen wird üppig von Rosen überwuchert. Blauer Rittersporn ergänzt perfekt die rosafarbenen Rosenblüten. Achten Sie auf einen sonnigen Standort und einen humusreichen, tiefgründig gelockerten Boden.

Vielen Kleingärtnern wird es ähnlich ergehen, wenn sie sich angesichts der großen Auswahl an Rosensorten oftmals ratlos fühlen, die geeigneten Sorten zu finden. Jahrelang bewährt haben sich beispielsweise 'Flammentanz', 'Westerland', 'Lichtkönigin Lucia', 'Bonica 82', 'Schneekönigin' und 'Play Rose' – sie alle sind mit dem **ADR-Prüfsiegel** ausgezeichnet. Seit ungefähr 50 Jahren wurden durch die Allgemeine Deutsche Rosenneuheitenprüfung (ADR) etwa 1.700 Rosensorten an elf Standorten hinsichtlich ihrer Eigenschaften wie Widerstandsfähigkeit, Winterhärte, Reichblütigkeit, Wirkung der Blüte, Duft oder Wuchsform bewertet und beurteilt. Das ADR-Qualitätszeichen besitzen rund 150 Sorten. Diese Sorten sind von Natur aus robust und Pflanzenschutzmittel sind nicht notwendig. Immer noch kommen neue ADR-Rosen dazu wie 'Pretty Snow', 'Solero' oder 'Inspiration'; aber so manch einer Sorte wird das Gütezeichen wieder aberkannt, wenn sie die Kriterien nicht mehr erfüllen kann. Außer den ADR-Rosen blühen in unseren Kleingärten viele interessante Rosensorten. Am richtigen Standort und bei geeigneter Pflege gedeihen sie ebenfalls zur vollen Zufriedenheit. Rosen benötigen einen sonnigen Standort und einen humosen, nährstoffreichen Boden. Standorte mit Staunässe und Bodenverdichtungen sollten Sie vermeiden, ebenso einen Platz im Schatten der Laube oder eines Gehölzes. Pflanzen Sie Ihre Rosen nicht auf die gleiche Stelle, auf der bereits Rosen wuchsen. Ausnahme: Sie haben die Erde ausreichend tief ausgetauscht.

Rosen-Klassen

Rosen werden nach ihren Wuchsformen in unterschiedliche Gruppen unterteilt. **Bodendeckerrosen** können bei geeigneter Pflanzdichte den Boden vollständig abdecken. Für eine Einzelstellung sind sie nicht geeignet. Pflanzen Sie diese in Dreier- oder Fünfergruppen zusammen oder wählen Sie eine größere Fläche für Ihre Pflanzung aus. **Edelrosen** zeichnen sich durch wunderschöne Einzelblüten aus. Sie werden ca. 60–100 cm hoch, blühen meist reichlich und lassen sich gut in ein Staudenbeet integrieren. Auch **Beetrosen** sind mit ihrer Höhe von 60–100 cm vielseitig einsetzbar und überall beliebt. Mit **Strauchrosen** schaffen Sie ein kleines Highlight in Ihrem Kleingarten. Sie werden ca. 1,50 m bis 2,50 m hoch, wachsen buschig und aufrecht. Ihre Wirkung zeigt sich vor allem in Einzelstellung, in Kombination mit Stauden. Hier können Sie zwischen einmalblühenden und öfterblühenden Strauchrosen wählen. Während mehrmals blühende Strauchrosen den gesamten Sommer hindurch prächtig blühen, sind die einmal blühenden Strauchrosen mit ihren schönen Hagebutten im Herbst eine Augenweide.

Kletterrosen begrüßen oftmals am Eingang einer Kleingartenparzelle den Besucher. Einige Sorten blühen dabei unermüdlich – nicht nur am Rosenbogen, sondern auch an der Laube, an Spalieren und selbst gebauten Rankgerüsten. Beliebt ist dabei die Kombination mit farblich abgestimmten *Clematis*-Sorten. Neben den mehrmals blühenden Kletterrosen erleben auch die einmalblühenden Ramblerrosen eine Renaissance. Nachdem sich die mehrmals blühenden Sorten immer mehr durchsetzten, gerieten **Ramblerrosen** ein wenig in Vergessenheit. Dabei beranken sie in kurzer Zeit Pergolen, Tore und so manchen Baum – bis 10 m hoch können sie wachsen. Die meisten Ramblerrosen blühen Ende Mai mit üppigen weißen und hellrosa Blütendolden. Im Herbst folgen eine wunderschöne Herbstfärbung und ein reicher Hagebuttenschmuck. Für uns sind Ramblerrosen eine Augenweide und für die Vögel dienen sie als Nahrungsquelle im Winter.

Lassen Sie sich am besten beim Kauf von Rosen in einer guten Baumschule beraten.

Richtig pflanzen

Rosen im Container können das ganze Jahr gepflanzt werden, sind aber beachtlich teurer als wurzelnackte Ware (d.h. ohne Wurzelballen). Wurzelnackte Rosen können Sie den ganzen November hindurch pflanzen.

Vor einer Herbstpflanzung stellen Sie Ihre wurzelnackten Rosen zunächst ca. 30 bis 60 Minuten ins Wasser. Dann entfernen Sie vorsichtig beschädigte Wurzeln und kürzen zu lange Wurzeln ein. Die feinen Faserwurzeln dürfen keinesfalls eingekürzt oder entfernt werden, sie sind für die Nährstoff- und Wasserversorgung notwendig. Anschließend werden die Ro-

Rosen finden in mehrjährigen Stauden und Gräsern passende Begleiter. Gräser, Pfingstrosen, Phlox oder – wie hier – *Sedum telephium* 'Herbstfreude' schaffen eine lebendige, natürliche Wirkung.

sen so gepflanzt, dass sich die Veredelungsstelle 5 cm im Boden befindet. Die Pflanzstelle wird mit Gartenerde aufgefüllt, kräftig angegossen und wegen der Frostgefahr ca. 20 cm mit Erde angehäufelt. Auch bei einer Pflanzung im Herbst erfolgt der Schnitt der Rosentriebe erst im Frühjahr; dann kürzt man die gepflanzten Rosen auf drei bis fünf Augen ein.

Rosen schneiden

Damit Rosen gesund gedeihen und uns regelmäßig mit ihren Blüten erfreuen können, müssen Sie diese regelmäßig schneiden. Der beste Zeitpunkt ist das Frühjahr, wenn die Forsythien blühen: je nach Gegend also im Zeitraum Ende März bis Mitte April.

Der Kleingarten als Kreativgarten

Der richtige Schnitt entscheidet: Das letzte Auge beim Rosenschnitt soll immer nach außen gerichtet sein. Über dem Auge lassen Sie ca. 0,5 cm stehen.

Schneiden Sie Ihre Beetrosen im Frühjahr auf drei bis fünf Augen zurück. Lassen Sie dabei ca. fünf kräftige Triebe stehen. Dürre, abgestorbene oder kranke Triebe entfernen Sie!

Eine ausgezeichnete Fernwirkung besitzt die ADR-Beetrose 'Fortuna' durch ihre lachsrosafarbenen, in dichten Dolden stehenden Blüten.

Die Beetrosensorte 'Sweet Pretty' überzeugt mit großen, ungefüllten, pastellrosa-weißfarbenen Blüten und dunkelgrünem, sattem Laub.

Allgemein gilt beim Schnitt von Rosen: Je stärker der Rückschnitt, desto kräftiger ist der Neuaustrieb, und je weniger zurückgeschnitten wird, desto schwächer ist der Neuaustrieb.

Schnitt von Beetrosen (Floribunda-, Polyantha- und Edelrosen) und **Hochstammrosen:** Beetrosen benötigen einen jährlichen Rückschnitt, da sie ansonsten verkahlen würden. Zunächst müssen alle erfrorenen, dürren und dünnen Triebe entfernt werden. Weiterhin werden einzelne Triebe entfernt, wenn diese zu dicht stehen oder sich kreuzen. Die restlichen Triebe werden je nach Wüchsigkeit der Rosensorte zurückgeschnitten: Schwachwüchsige Beetrosen schneidet man auf drei bis fünf Augen (das entspricht ca. 20 cm über dem Boden) zurück; starkwüchsige Beetrosen werden auf etwa sechs bis acht Augen zurückgenommen. Das letzte Auge sollte immer nach außen zeigen.

Schnitt von Strauch- und Wildrosen (einmalblühend): Diese Rosen benötigen keine jährlichen Schnittmaßnahmen, da sich die Blüten am mehrjährigen Holz bilden. Somit lichtet man diese Rosen vorwiegend aus, indem man dürre und dünne Triebe entfernt. Weiterhin empfiehlt sich, regelmäßig ein bis zwei alte Triebe bodennah zu entfernen und ein bis zwei Jungtriebe zur Verjüngung stehen zu lassen.

Schnitt von Strauchrosen (mehrmals blühend): Diese Rosengruppe benötigt, wie auch die Beetrosen, einen jährlichen Schnitt. Schneiden Sie wiederum alle erfrorenen, dürren und sehr alten (vergreisten) Triebe heraus. Die kräftigen Triebe kürzen Sie oberhalb eines nach außen gerichteten Auges um ein Drittel ein. Schwächere Triebe werden stärker zurückgeschnitten.

Schnitt von Kletterrosen: Während man Ramblerrosen (einmalblühende Kletterrosen) nur gelegentlich auslichtet und von Totholz befreit, können mehrmals blühende Kletterrosen bis maximal ein Drittel zurückgeschnitten werden. Die an den Haupttrieben befindlichen Seitentriebe werden auf zwei bis fünf Augen eingekürzt. Die natürliche Wuchsform sollte beim Schnitt immer bewahrt bleiben.

Eine kleine Auswahl ADR-Rosen

Sorte	Höhe	Farbe	Blüten
Kleinstrauchrosen / Bodendeckerrosen / Zwergrosen			
'Candia Meidiland'	40 cm	innen leuchtend rosa, außen hellrosa	einfache Blüten
'Roxy'	40 cm	violettrosa	kleine, gefüllte Blüten
'Sorrento'	80 cm	leuchtend rot	halbgefüllte Blüten
'Limesglut'	40 cm	leuchtend rot	halbgefüllte Blüten
'White Haze'	70 cm	leuchtend weiß, gelbes Auge	große, einfache Blütenform
Beetrosen / Edelrosen			
'La Perla'	100 cm	cremefarben	große, gefüllte Blüten
'Yellow Meilove'	70 cm	leuchtend gelb	mittelgroße, gefüllte Blüten
'Intarsia'	70 cm	innen gelborange, außen apricot	kleinere Blüten, halbgefüllt
'Grande Amore'	90 cm	dunkelrot	große, gefüllte Blüten
Strauchrosen			
'Sweet Meidiland'	90 cm	hellrosa	kleine, gefüllte Blüten
'Shining Light'	130 cm	leuchtend gelb, beim Aufblühen zitronengelb	mittelgroße, gefüllte Blüten
'Rote Hannover'	110 cm	blaurosa/violett	mittelgroße, einfache Blüten, stark duftend
'Escimo'	120 cm	leuchtend weiß	große, einfache Blüten
Kletterrosen			
'Laguna'	250 cm	leuchtend rosa	mittelgroße, gefülle Blüten, leicht duftend
'Jasmina'	200 cm	hellrosa	mittelgroße, gefüllte Blüten
'New Look'	190 cm	karminrosa	mittelgroße, halbgefüllte Blüten
'Flammentanz'	300–400 cm	blutrot	mittelgroße, gefüllte Blüten

Rosen schützen

Rosen sind empfindliche Pflanzen und müssen daher gut auf den Winter vorbereitet werden. Veredelte Edel-, Beet- und Zwergrosen werden mit Gartenerde ca. 15–20 cm hoch angehäufelt. Zu einem späteren Zeitpunkt werden die Rosen zudem mit Tannen und Fichtenreisig abgedeckt.
Wichtiger Hinweis: Schneiden Sie Ihre Rosen auf keinen Fall im Herbst. Nur ein paar zu lange Triebe können Sie einkürzen.
Bei Hochstammrosen wird entweder die Krone vorsichtig umgebogen und 15–20 cm hoch mit Erde bedeckt oder der Stamm wird mit Fichtenzweigen umwickelt und die Krone mit Stroh, Holzwolle oder Ähnlichem ausgefüllt und abschließend mit Fichtenzweigen umwickelt. Auch die Ranken von Kletterrosen sollte man durch das Anbringen von Fichtenzweigen vor kalten, austrocknenden Winterwinden schützen.

Die einmalblühende Ramblerrose 'Bobby James' verwandelt im Frühjahr Pergolen und stabile Rankgitter in ein Blüten- und Duftmeer.

Beim Kauf beachten

Veredelte Rosen sind in den Güteklassen A und B erhältlich. Kaufen Sie nur Rosen der Güteklasse A! Man erkennt sie an mindestens drei normal entwickelten und gut ausgereiften Trieben, von denen mindestens zwei aus der Veredelungsstelle kommen müssen, während der dritte Trieb bis 5 cm darüber entspringen darf.

Dauerhafte Schönheit – die Welt der Stauden

Während unsere einjährigen Sommerblumen nur eine kurze Lebensdauer besitzen, erfreuen uns Stauden jahrelang mit ihrer Schönheit. Sie sind neben den Gehölzen treue Begleiter in unseren Gärten.

Neben Prachtstauden, Polsterstauden, Zwiebel- und Knollenpflanzen zählen auch Farne, Gräser sowie Wasser- und Sumpfpflanzen zu den Stauden. Sie alle sind mehrjährig, wobei die meisten Stauden im Herbst oberirdisch absterben und im unterirdischen Teil (z. B. in Wurzelstöcken, Rhizomen, Zwiebeln und Knollen) den Winter überstehen und im nächsten Frühjahr wieder austreiben. Wenn Sie Stauden pflanzen oder sogar ein neues Staudenbeet anlegen möchten, müssen Sie bei der Planung die Lebensbereiche der Stauden berücksichtigen: Nach Prof. Dr. R. Hansen und H. Müssel werden die Stauden in die Lebensbereiche Gehölz, Gehölzrand, Freiflächen, Steinlagen und Wasserrand eingeteilt. Einen sonnigen Standort (Lebensbereich Freifläche) benötigen großblütige, farbenfrohe Stauden wie Phlox, Rittersporn, Sonnenhut, Schafgarben und Astern (→ siehe Tabelle S. 125). An einer schattigen Stelle (Lebensbereich Gehölzrand) im Kleingarten gedeihen dagegen Funkien, Schaublatt, Silberkerzen, Astilben, Anemonen oder Prachtspieren vorzüglich.
Pflanzen Sie daher ausschließlich standortverträgliche Stauden, d. h. Stauden, die für den Boden und für die vorherrschenden Lichtbedingungen Ihres Standorts geeignet sind. Je nach Lage (Schatten- oder Sonnenhang), Wind- und Wärmeverhältnissen können sich auch auf kleinstem Raum, selbst in Ihrer Kleingartenparzelle, unterschiedliche kleinklimatische Nischen ergeben. Dies müssen Sie bei der Pflanzenauswahl beachten.

Die richtige Wahl

Bei der Wahl Ihrer Stauden sollte neben der Standortverträglichkeit auch auf die richtige Kombination zwischen den Stauden geachtet werden. In einem gut gelungenen Staudenbeet blühen zu jeder Jahreszeit Pflanzen und die Farbwahl stimmt harmonisch überein. In Kleingärten eher selten vorzufinden sind Staudenkombinationen »Ton in Ton«. Dabei gibt es viele Gestaltungsmöglichkeiten vom Staudenbeet

Küchen- bzw. Kuhschellen *(Pulsatilla vulgaris)* überzeugen durch die silbrig seidige Behaarung und die zartvioletten Blüten. Sie blühen im zeitigen Frühjahr.

Dauerhafte Schönheit – die Welt der Stauden

»Traum in Weiß« bis hin zu einem »rosa Farbenspiel«. Der eigenen Fantasie sind keine Grenzen gesetzt. Während in früheren Jahren immer wieder vorgegeben wurde, was modern und zeitgemäß sei – man erinnere sich an die geometrische Anordnung der Rosen ohne Begleitpflanzen in den 60er-Jahren –, ist jetzt erlaubt, was gefällt. Prachtstauden wie Rittersporn oder Pfingstrosen werden meist solitär, das bedeutet in Einzelstellung, gepflanzt. Sie bilden das Gerüst im Staudenbeet. Pflanzen Sie diese eher in den Hintergrund oder in die Mitte des Beetes. Anschließend finden die niedrigeren Begleitstauden nach vorn abfallend ihren Platz. Pflanzen Sie Begleitstauden am besten in Gruppen zusammen, bestehend aus drei bis sieben Pflanzen je Art oder Sorte. Wer wenig Zeit für die Auswahl von geeigneten Pflanzen investieren möchte, kann fertige Gestaltungsideen mit Pflanzen, die nach Farbe, Duft und Gestalt harmonisch aufeinander abgestimmt sind, über diverse Staudengärtnereien erwerben.

Staudenbeet anlegen

Bevor man mit der Pflanzung beginnt, legt man die Stauden im richtigen Abstand auf das vorbereitete Pflanzbeet. Hohe Stauden wie Rittersporn, Phlox oder Pfingstrosen benötigen einen Pflanzabstand von 80 cm, halbhohe Stauden wie Lavendel, Farne oder Lilien ungefähr 40–60 cm und niedrige Stauden ungefähr 20 cm. Auch wenn es anfangs schwerfällt und die Fläche nach der Bepflanzung erst mal lückig wirkt: Sie sollten die offenen Stellen nicht mit weiteren Stauden füllen. Im ersten Jahr kann man auf offene Stellen einjährige Sommerblumen pflanzen oder säen, im zweiten Jahr ist dies bereits nicht mehr nötig. Damit bereits im April die ersten Blumen blühen, integriert man Zwiebelpflanzen wie Tulpen, Narzissen oder Lilien in die neu angelegten Staudenbeete. Nach der Pflanzung müssen die Stauden reichlich eingewässert werden, um das Anwurzeln zu erleichtern.

Pflegearbeiten im Sommer

Bei Stauden, Kübelpflanzen und Balkonblumen sollten Sie im Sommer regelmäßig Verblühtes entfernen. Beim Rückschnitt unterscheidet man zwischen einem Pflegeschnitt und einem Verjüngungsschnitt. Während der Pflegeschnitt vor allem aus ästhetischen Gründen erfolgt, fördert der Verjüngungsschnitt die Lebens- und Wuchskraft sowie die Blühwilligkeit vieler Stauden. Zugleich schützen diese Schnittmaßnahmen vor Krankheiten und Schädlingen. Beispielsweise können mit Mehltaupilzen befallene Pflanzen nach dem Schnitt wieder junge und gesunde Pflanzenteile entwickeln und sich regenerieren.

Einige Stauden schneidet man bei der Verjüngung nach der Blüte bodennah zurück, bei anderen »pflückt« man nur einzeln verblühte Blüten heraus. Einen Rückschnitt bis fast auf den Boden, zumindest nicht höher als eine Handbreit über der Erde, verlangen beispielsweise folgende Stauden: Rittersporn (blüht dann ein zweites Mal), Trollblume, Große Kornblume, Bunte Margerite, Feinstrahl, Lupine, Katzenminze oder der Sommersalbei. Hingegen schneidet man bei Skabiose, Wolligem Ziest und Sonnenauge nur einzeln Verblühtes her-

Bei geeigneter Pflege entwickeln sich Stauden von Jahr zu Jahr prächtiger und schaffen ein neues Farbspiel. Düngen Sie bei Bedarf und gießen Sie bei Trockenheit ausreichend, dann schaffen Sie wichtige Voraussetzungen für langlebige, ausdrucksstarke Beete, z. B. mit Schafgarbe (*Achillea filipendulina*), Wolfsmilch (*Euphorbia griffithii*), Fackellilie (*Kniphofia*-Hybride) und Salbei (*Salvia nemorosa*).

Der Kleingarten als Kreativgarten

Rittersporn *(Delphinium)* ist als hohe Staude beliebt und blüht ein zweites Mal, wenn man ihn nach der ersten Blüte zurückschneidet.

Die historische Herbstanemone 'Honorine Jobert' besitzt edle weiße Blüten und wird im Alter immer schöner.

Da er robust und wenig krankheitsanfällig ist, eignet sich der Storchschnabel *(Geranium)* gut für pflegeextensive Kleingartenflächen.

Blickfänge im Garten zaubern die auffallend gelben Blüten des Alants *(Inula)*.

aus. Bei der Goldgarbe empfiehlt sich das Auskneifen der Mittelblüte. So können sich mehr Seitenblüten entwickeln. Kontrollieren Sie im Sommer Ihre Stauden regelmäßig auf einen Befall mit pilzlichen Krankheiten und Schädlingen. Bei geringem Befall ist das Entfernen der kranken Pflanzenteile eine wirksame Möglichkeit eine Ausbreitung zu verringern. Ob und in welcher Höhe Sie Ihre Stauden düngen müssen, hängt vom Versorgungszustand des Bodens mit Nährstoffen ab. Eine Bodenuntersuchung gibt dabei Auskunft! Bis Ende August sollte die letzte Düngergabe gegeben werden, damit Ihre Stauden bis zum Winter ausreifen und ausreichend winterhart sind.

In regenarmen, trockenen Sommermonate müssen Sie Ihre Stauden wässern. Dabei gießt man entweder vormittags oder nachmittags, niemals aber während der Mittagszeit. Um die Wasserverdunstung einzuschränken, lockern Sie die Oberfläche nach dem Gießen leicht auf und entfernen zugleich Unkräuter. Mit dem Aufbringen einer Mulchschicht, z. B. groben Komposts, Rasenschnitt, hält man den Boden feucht und die Bodenfruchtbarkeit bleibt erhalten.

Alte Stauden verjüngen

Ab September können viele alte Stauden geteilt werden: Nehmen Sie mit der Grabegabel Ihre alten Stauden aus dem Boden und teilen Sie diese mit dem Messer, einem scharfen Spaten oder einer Grabegabel in Stücke. Am besten wachsen faustdicke Teilstücke an, die drei bis vier Triebe besitzen. Lästige Wurzelunkräuter müssen bei der Teilung auf jeden Fall aus dem Wurzelstock entfernt werden. Sind die Wurzelstöcke schon sehr groß, spritzen Sie mit einem Wasserstrahl die Erde aus den Wurzeln. Dann erkennen Sie die Wurzeln für die Teilung leichter.

Gut zum Teilen

Folgende Stauden (eine Auswahl) lassen sich gut durch Teilung vermehren: Astern, Schafgarbe, Glockenblume, Mädchenauge, Rittersporn, Margeriten, Sonnenhut, Wolfsmilch-Arten, Mädesüß, Storchschnabelarten, Christrose, Taglilien, Prachtscharte, Goldkolben, Minzen, Phlox, Goldrute, Beinwell, Thymian, Ehrenpreis, Sonnenbraut, Schwertlinien, Prachtspiere.

Dauerhafte Schönheit – die Welt der Stauden 125

Empfehlenswerte Stauden für eine vielseitige Verwendung

Deutscher Name	Botanischer Name	Hinweise
Schafgarbe	*Achillea filipendulina* 'Parker'	goldgelb; 120 cm Höhe; robust, standfest
	Achillea filipendulina-Hybride 'Feuerland'	leuchtend rot; 80 cm Höhe; attraktives Farbspiel beim Verblühen
	Achillea filipendulina-Hybride 'Hella Glashoff'	cremegelbe Blüten; 60–70 cm Höhe; vielseitig verwendbar
Herbstanemone	*Anemone Japonica*-Hybride 'Honorine Jobert'	weiß; 50–120 cm Höhe; alte Sorte; großblütig, langlebig
	Anemone Japonica-Hybride 'Königin Charlotte'	rosa, große, halbgefüllte Blüten; 40–100 cm
	Anemone tomentosa 'Septemberglanz'	seidenrosa; 50–90 cm Höhe
Herbstaster	*Aster lateriflorus x horizontalis* 'Lady in Black'	hellviolette Blüten, dunkles Laub; 70–80 cm Höhe
	Aster pansos 'Snowflurry'	weiß; Blütenteppiche
Margerite	*Leucanthemum superbum* 'Christine Hagemann'	reinweiße Blüten; 80 cm; reichblühend
	Leucanthemum superbum 'Gruppenstolz'	weiß; 60 cm Höhe; für Rabatten
Mutterkraut	*Tanacetum parthenium* 'Sissinghurst White'	weiße, gefüllte Blüten; 60 cm Höhe
Rittersporn	*Delphinium Belladonna*-Hybride 'Piccolo'	enzianblau; 100 cm Höhe
	Delphinium Elatium-Hybride 'Finsteraarhorn'	dunkle Sorte, tiefenzianblau; 170 cm Höhe
	Delphinium New Millenium 'Green Twist'	weiß mit grüner Tönung; 160 cm Höhe; dichte Einzelblüten
Tränendes Herz	*Dicentra spectabilis* 'Alba'	weiße Blüten auf sattem grünem Laub; 80 cm Höhe
Christrose	*Helleborus niger*	weiße Blüten, 15–25 cm Höhe
	Helleborus Orientalis-Hybride	weiße, rosa und rote Blüten; 30–40 cm Höhe
Schwertlilie	*Iris barbata* 'Orageux'	kupfergelb und schwarzrot; 50 cm Höhe
	Iris barbata 'Aurelia'	weiß mit lila Rand; 90 cm Höhe; duftend
	Iris barbata 'Mysterieux'	hellviolett und samtig schwarz; 90 cm Höhe
Lupine	*Lupinus polyphyllus* 'Fräulein'	weiß; 90 cm Höhe
	Lupinus polyphyllus 'Kastellan'	blaue Blüten mit weißer Fahne; 90 cm Höhe
Pfingstrose	*Paeonia officinalis* 'Krinkled White'	einfache, weiße Blüten; 100 cm Höhe; standfest
	Paeonia officinalis 'Raspberry Sundae'	himbeerrosa mit cremegelber Mitte; 90 cm Höhe; duftend
	Paeonia officinalis 'Inspecteur Lavergne'	dunkelrote Blüten, gefüllt; 100 cm Höhe
Gartenmohn	*Papaver orientale* 'Tango'	feurig rote Blüten; 80 cm Höhe
	Papaver orientale 'Black and White'	weiß mit schwarzen bis braun-violetten Flecken am Grund; 80 cm Höhe
	Papaver orientale 'Schöner aus Laufen'	dunkelrot; 60 cm Höhe
Phlox	*Phlox paniculata* 'Blue Paradise'	leuchtet fast blau; 100 cm Höhe
	Phlox paniculata 'Graf Zeppelin'	schneeweiß mit rotem Auge; 80 cm Höhe
	Phlox paniculata 'Red Riding Hood'	leuchtend rote Blüten; 80 cm Höhe
Sonnenbraut	*Helenium bigelovii* 'The Bishop'	zitronengelb blühend mit brauner Mitte
	Helenium bigelovii 'Moerheim Beauty'	kupferrote Blüten; mittelhohe Sorte
Sonnenhut	*Echinacea*-Hybride 'Art's Pride'	orangefarbene schmale Blütenblätter; lange Blühzeit
	Echinacea-Hybride 'Augustkönigin'	rosarote Blüte; sehr vital und wüchsig

Blütenorgien mit Sommerblumen

Einjährige oder zweijährige Sommerblumen sorgen in unseren Kleingärten für die Extraportion Blütenglück. Sie blühen zwar nur einen Sommer lang, aber dafür mit voller Kraft und in den schönsten Farben.

Mit Sommerblumen können Sie jedes Jahr aufs Neue etwas ausprobieren, z. B. neue Farbthemen und Kombinationen kreieren oder einfach eine wilde Mischung genießen. Die schnell wachsenden und lange blühenden Pflanzen erlauben eine flexible Gestaltung, denn mit ihnen können entstandene Lücken gefüllt werden. Und das Schöne daran – wenn Sie möchten, geht nächstes Jahr die Lust am Experimentieren wieder von vorne los!

Unermüdlich leuchten die gelb-orangefarbenen Blüten des Goldmohns ab dem Frühsommer bis weit in den Herbst hinein in unseren Kleingärten. Als einjährige Sommerblume ist Goldmohn eine billige und einfache Möglichkeit, Farbe in den Kleingarten zu bringen. Daneben schmücken auch Ringelblumen, Schmuckkörbchen, Mädchenauge, Jungfer im Grünen, Sonnenflügel und Strohblume sowie die bei Jung und Alt beliebten Sonnenblumen unsere Beete und verzaubern im Sommer sämtliche Betrachter. Einziger Wermutstropfen bei unseren schönen Sommerblumen: Auch bei den gefräßigen Schnecken sind sie sehr beliebt!

Praktisch und kinderleicht ist es, diese Sommerblumenpracht hervorzuzaubern. Sie haben den Samen Ihrer Lieblingssommerblume bereits zu Hause? Dann geht es schnell: Sie bereiten das Saatbeet vor und je nach Art säen Sie zu der erforderlichen Zeit aus. Die Informationen dazu lesen Sie auf der Portionstüte. Dann bedecken Sie den Samen mit Erde und gießen die Saat an. Falls die Blumen zu dicht stehen, müssen sie nach dem Auflaufen unter Umständen noch vereinzelt werden. Später das Düngen nicht vergessen und Ihrem Blütenmeer sollte nichts mehr im Wege stehen.

Sonniges Gemüt

Vor allem **Sonnenblumen** sind kinderleicht anzubauen. Sie wachsen auf jedem Gartenboden mit guter Wasser- und Nährstoffversorgung und bevorzugen einen Platz an der Sonne! Einige Sorten werden bis zu 4,5 m hoch, andere hingegen bleiben klein und eignen sich daher gut für die Einfassung von Beeten. Als Riesensonnenblumen hat sich die Sorte 'King Kong' bewährt, die bei entsprechender Wasser- und Düngerversorgung eben die genannte Rekordhöhe von über vier Metern erreichen kann. Anders als die meisten Sonnenblumen blüht die Sorte 'Moulin Rouge' nicht gelb, sondern besitzt zahlreiche ca. 15 cm große, tief dunkelrote Blüten mit einer sehr langen Blütezeit. Vor allem in Kombination mit hell blühenden Pflanzen oder Hintergründen können Sie hier schöne Kontraste setzen.

Leuchtend orange Blütenblätter in auffälligem Kontrast zu einer tiefbraunen Mitte besitzt die Sonnenblumensorte 'Sunrich Orange', die bis zu 1,7 m hoch werden kann. Während die meisten Sonnenblumensorten stattliche Höhen erreichen, bleibt die Sorte 'Big Smile' mit nur 35 cm Höhe relativ

Mit den einjährigen Wicken können Sie billig und einfach Zäune und Rankgerüste verschönern.

Blütenorgien mit Sommerblumen

Der Kalifornische Goldmohn *(Eschscholzia)* liebt einen sonnigen, nährstoffarmen und durchlässigen Boden.

Mit einjährigen Sommerblumen schaffen Sie wunderschöne Farbkombinationen, z. B. Ton in Ton.

klein. Mit leuchtend gelben Blüten eignet sie sich bestens zur Einfassung von Beeten, aber auch zur Kultur in Töpfen.

Nicht gleich ins Freie

Natürlich verzieren nicht nur die bisher genannten Sommerblumen innerhalb weniger Wochen Ihren Garten, auch Sommerastern, Buschmalven, Tagetes oder Zinnien strahlen um die Wette. Diese sind empfindlicher und brauchen anfangs eine Vorkultur. Während man Tagetes, Sommerastern und Cosmeen selbst heranziehen kann, ist dies bei *Begonia*-Semperflorens-Hybriden schwieriger.
Beliebt ist die eigene Anzucht von einjährigen **Sommerastern** ab April im Frühbeetkasten. Sie lassen sich je nach Größe und Art in alle Bereiche Ihres Kleingartens einpassen: vom Steingarten bis hin zum Staudenbeet. Höhere Sorten sind zudem dankbare Schnittblumen.
Auch die begehrten **Zinnien** scheinen unendlich zu blühen: Bis zu 80 cm hoch können die Pflanzen wachsen und ihre Farbpalette reicht von Weiß über Gelb bis zu vielen verschiedenen Rot- und Pinktönen.
Eine der schönsten Sommerblumen sind **Gazanien** mit dem deutschen Namen »Mittagsblume«: Dem Namen entsprechend öffnen sich ihre gelben, karminroten, orange- oder bronzefarbenen Blüten von morgens bis abends, aber vor allem zur Mittagszeit. Nachts und an trüben, regnerischen Tagen bleiben ihre Blüten geschlossen. Kundige Gärtner pflanzen **Tagetes** und **Ringelblumen** nicht nur zur Zierde. Sie bekämpfen durch ihre Anpflanzung Nematoden (Fadenälchen), die an den Wurzeln von Möhren und Knollensellerie Schäden verursachen.

Im zweiten Jahr

Stockrosen, Veilchen und Bartnelken sind zweijährige Sommerblumen, d. h. sie blühen erst im zweiten Jahr. Viele dieser zweijährigen Sommerblumen können Sie im Juni und Juli selbst heranziehen. Damit sich bis Herbst kräftige Pflanzen entwickeln, sollten Sie die Samen bis Mitte Juli gesät haben. Für eine lückenlose Keimung müssen Sie nun die Erde bis zum Auflaufen gleichmäßig feucht halten. Nach vier bis sechs Wochen werden die Keimlinge vereinzelt. Sind sie zu kräftigen Jungpflanzen herangewachsen, werden sie ab August bis September an Ort und Stelle ausgepflanzt. Beugen Sie Schäden durch starken Frost vor, indem Sie die Pflanzen im Spätherbst mit Fichtenreisig abdecken.

Einjährige Sommerblumen
- Mittagsgold
  (Gazania-Hybriden)
- Zinnie
  (Zinnia elegans)
- Sonnenblumen
  (Helianthus annuus)
- Ringelblume
  (Calendula officinalis)
- Bartnelken
  (Dianthus barbatus)
- Kalifonischer Mohn
  (Eschscholzia californica)
- Cosmee
  (Cosmos bipinnatus)
- Studentenblume
  (Tagetes patula)
- Purpurscabiose
  (Scabiosa atropurpurea)

Sattes Grün – der Rasen

Ob als Spielwiese, als Liegewiese oder einfach zur Zierde – für einen Rasen finden sich viele Verwendungsmöglichkeiten im Kleingarten.

Rollrasen

Schnell und einfach ist der Rollrasen ausgebracht – er ist allerdings etwas teurer!

Als Rasen bezeichnet man Pflanzengemeinschaften, die von Gräsern bestimmt werden. Aber Rasen ist nicht gleich Rasen! Wussten Sie, dass es verschiedene Rasensorten gibt? Je nach den Anforderungen an die Rasenfläche werden unterschiedliche Rasenmischungen verwendet. So finden wir auf einem Golfplatz einen anderen Rasen vor als auf einer Parkfläche oder auf unserer Kleingartenparzelle.

Wenn Sie den Rasen neu anlegen wollen, treffen Sie mit der Auswahl des Saatgutes die wichtigste Voraussetzung für einen schönen Rasen. Ein paar Fragen sollten Sie vorab beantworten, um die richtige Mischung zu wählen. Welche Anforderungen stellen Sie an Ihren Rasen? Soll die Rasenfläche die Spielwiese Ihrer Kinder sein oder bereichert er nur optisch Ihre Parzelle?

Rasenmischungen bestehen aus mehreren Grassorten, wobei in hochwertigen Rasenmischungen vor allem breitblättrige Gräser wie Deutsches Weidelgras oder Wiesenrispe verwendet werden. Regel-Saatgut-Mischungen (RSM) sind genormte Mischungen, die für unterschiedliche Nutzungsarten jeweils eine geeignete Zusammensetzung der Gräser gewährleisten. Es gibt sie z. B. für den Zier-, Gebrauchs-, Strapazier- und Landschaftsrasen. Ziehen Sie Regel-Saatgut-Mischungen billigem Rasensaatgut vor. Für Ihren Kleingarten können folgende Mischungen empfohlen werden: RSM 1 (Zierrasen), RSM 2 (Gebrauchsrasen) und RSM 3 (Sportrasen). Der Aufwand für die Rasenpflege ist bei den Mischungen unterschiedlich und abhängig davon, wie schnell der Rasen wächst und wie viel Wasser er benötigt. Zierrasen benötigt beispielsweise einen weitaus größeren Pflegeaufwand als Gebrauchsrasen, d. h., Sie müssen öfter mähen, mehr Dünger ausbringen und mit höherem Gießaufwand, also mehr Wassergaben, rechnen.

Neu geschaffen

Der beste Zeitpunkt für eine Rasenneusaat ist das Frühjahr von April bis Juni. Neben der Auswahl des Saatgutes ist eine weitere wichtige Voraussetzung für eine schöne Rasenfläche die Vorbereitung des Bodens. Rasengräser bevorzugen sandige Lehmböden, die Sie zunächst spatentief auflockern. Ist der Rasen verdichtet, kann nach starken Regenfällen das Wasser nicht abfließen. Es entsteht Staunässe und die Entwicklung von Moos lässt nicht lange auf sich warten. Achten Sie auch darauf, jegliche Wurzelunkräuter vor der Ansaat zu entfernen.

1. Planieren Sie den Boden – am besten mit einer Rasenwalze – und lockern Sie im Anschluss die obersten 3 cm mit einer Harke auf.
2. Nun dürfen Sie das Saatgut aufbringen. Ein geliehener Saatwagen erleichtert das regelmäßige Ausbringen des Samens.
3. Abschließend gießen Sie behutsam mit einem feinen Wasserstrahl die neu angesäte Fläche. Da das Saatgut bei der Keimung niemals austrocknen darf, halten Sie die Fläche bis zum Auflaufen feucht.
4. Nach ca. sechs bis sieben Tagen sprießen die ersten Halme aus dem Boden. Gemäht wird die ersten vier Mal bei einer Halmhöhe von 10 cm. Mähen Sie so, dass die Halmlänge nach dem Schnitt immer noch 6 cm beträgt. Ab dem fünften Mal können Sie Ihren Rasen auch kürzer schneiden.

Rasenpflege

Wie häufig ein Rasen gemäht werden muss, hängt von der Witterung, der Jahreszeit, den Gräsern und auch von Ihren persönlichen Ansprüchen sowie der Nutzungsintensität ab. Wesentlich entscheidender als die Häufigkeit des Mähens ist die Einstellung der richtigen Schnitthöhe. Mähen Sie Ihren Rasen nicht zu kurz, sonst werden die Gräser geschwächt. Empfehlenswert ist eine Schnitthöhe von 3,5 bis 5 cm.

Sattes Grün – der Rasen

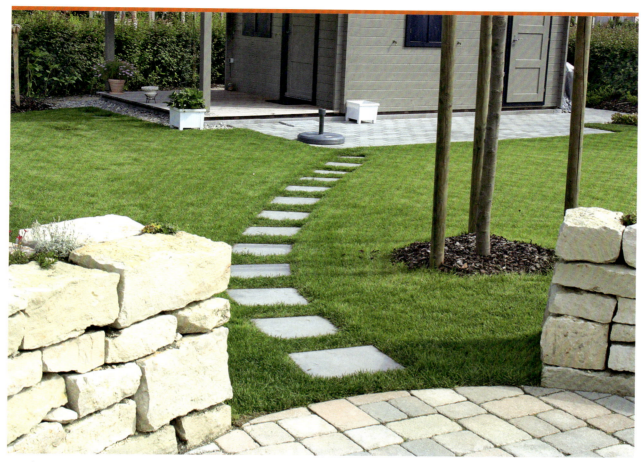

Ein Traumrasen, wie er sein soll – perfekt angelegt, sattgrün und gesund. Der Weg zum Gartenhaus wurde mit einfachen Betontrittplatten gestaltet. Die geschwungene Form verschafft der Rasenfläche Struktur und eine ästhetische Wirkung. Außerdem sind die Platten praktisch, um keine nassen Füße zu bekommen.

Mindestens einmal pro Jahr sollen Sie Ihren Rasen vertikutieren. Darunter versteht man das senkrechte Einschneiden der Grasnarbe. Durch das Herausschneiden von abgestorbenem Pflanzenmaterial (dem sogenannten Rasenfilz) wird die Wasserversorgung gesichert und pilzlichen Rasenkrankheiten vorgebeugt. Vertikutieren können Sie von Mai bis September mit hand- oder motorbetriebenen Vertikutiergeräten, die Sie bei diversen Fachgeschäften oder Gartencentern ausleihen können. Nach dem Vertikutieren empfiehlt sich das Besanden der Rasenfläche. Dazu bringen Sie drei bis vier Liter Sand (Körnung 0 bis 3 mm) pro Quadratmeter auf die vertikutierte Rasenfläche auf. Auch das mehrmalige Aerifizieren, d. h. den Rasen zu »löchern«, reduziert die Bildung von Rasenfilz und fördert die Wasserversickerung. Aerifiziergeräte durchstochern mit Stacheln oder Hohlstacheln (sogenannten Hohlspoons) die Bodenverdichtungen, können aber die Arbeit eines Vertikutiergerätes nicht ersetzen.

Und eines am Schluss: Schöner Rasen wächst nicht von alleine. Sie müssen ihn regelmäßig wässern, düngen, mähen und sich viel um ihn kümmern.

Kreative Gartenlauben

Kleingärten gibt es nun schon seit 150 Jahren. In dieser langen Zeit hat sich eine große Vielfalt von Garten- und Laubentypen herausgebildet. Und die Entwicklung bleibt auch weiterhin spannend!

Form, Funktion und Materialien von Gartenlauben haben sich dabei immer dem Trend der Zeit angepasst. Gartenplanung heute bedeutet deshalb, ein riesiges Arsenal an Formen, Materialien und Gestaltungsmitteln aus allen Epochen unserer Zivilisation zu haben, die frei kombinierbar sind und mit denen höchst individuelle und originelle Gärten angelegt werden können – eine anspruchsvolle und reizvolle Aufgabe für jeden Gartenfreund. Das Gute daran: Die möglichen Gartenbilder sind (fast) alle mit den verschiedenen Gartenordnungen in Einklang zu bringen. Gerade jüngere Pächter haben das Bedürfnis, sich über die Gestaltung ihres Gartens selbst zu verwirklichen, und ein Vereinsvorstand, der hier die Zügel ein bisschen locker lässt und die Gartenordnung positiv auslegt (nicht: »Das ist verboten«, sondern »Das ist erlaubt«), gewinnt schnell neue Pächter. Im Zweifelsfall gilt aber: Immer erst mit dem Vereinsvorstand reden, was möglich und erlaubt ist in der Anlage (→ siehe S. 54).

Lauben für heute

Was sind zeitgemäße Lauben? Vielleicht definiert man das Thema erst einmal vom Gegenteil her: Zeitgemäße Lauben sind sicher nicht die in vielen Städten und Gemeinden beliebten oberbayerischen Satteldachlauben mit schwerem Holzornament. Eine zeitgemäße Laube ist nicht folkloristisch, nicht rückwärtsgewandt, aber sehr wohl regionaltypisch. Sie versucht in Form, Funktion, Grundriss, Konstruktion, Material, Dachform, Farbe und Ausstattung die Bedürfnisse heutiger Nutzer mit zeitgemäßen Mitteln zu erfüllen.

Der Grundriss ist klar und flexibel, die Ausstattung multifunktional und am besten mobil, um schnell wechselnden Bedürfnissen entgegenzukommen. Die Materialien können durchaus zeitlos sein (Holz und Stein), aber auch modern (z. B. Holz-Verbundplatten). Als Dach ist nicht nur ein Satteldach, sondern auch ein Pult- oder Flachdach oder eine Mischform möglich. Der Farbeinsatz kann ruhig etwas mutiger sein als bei einer klassischen Laube.

Lauben für morgen

Im Idealfall sind Laubenentwürfe ihrer Zeit voraus. Gerade in jüngster Zeit hat sich eine neue Generation von jungen Designern und Architekten daran gewagt, moderne Lauben mit zukunftsweisenden Ideen für junge Leute zu entwickeln. Lassen Sie sich inspirieren – beispielsweise auf Gartenschauen – von zeitgemäßen und zukunftsweisenden Ideen zum unerschöpflichen und immer spannenden Thema Gartenlaube! **Kleingartenanlage für die BUGA 2005 in München:** Neue Ideen für junge Leute braucht das Kleingartenwesen immer. Die Bundesgartenschau 2005 hat deshalb eine Kleingartenanlage mit nur 19 Parzellen hervorgebracht, deren Entstehungsgeschichte erstaunlich ist. Trotz vieler Probleme ist es durch das Engagement aller Beteiligten gelungen, eine Anlage zu konzipieren, die im Ausstellungsjahr Denkanstöße für die Zukunft des Kleingartenwesens formulieren konnte und von den Besuchern der BUGA nicht nur weitgehend positiv aufgenommen wurde, sondern die auch im Brennpunkt der öffentlichen Diskussion stand. Grundgedanke dieser Kleingartenanlage war es, die in diesem Buch beschriebenen Gestaltungskategorien für Kleingärten (Nutzgarten, Ökogarten, Kreativgarten) baulich umzusetzen und den Besuchern zu präsentieren. Den einzelnen Gartentypen zugeordnet waren spezifische Laubentypen, deren Entwurf in einem Studentenwettbewerb an der Architekturfakultät der TU München ermittelt wurde:

Nutzgarten-Laube (→ siehe Abb. S. 132 rechts): Ziel bei der Gestaltung der grau-silberfarben lasierten, kubischen

Kreative Gartenlauben 131

Extravagant ist diese lavendelfarben gestrichene Gartenlaube: In Kombination mit den weißen Fensterrahmen und Stirnhölzern wirkt sie edel.

Die luftig-leicht konstruierte Kreativgarten-Laube aus Holz ist in modularer Ständerbauweise errichtet und vermittelt südländisches Flair – eine moderne Interpretation der Gartenlaube für junge und junggebliebene Kleingärtner.

Aus drei mach eins: Dieses Laubenensemble aus drei Einzelmodulen wurde auf der Internationalen Gartenschau in München 1983 vorgestellt.

Auch moderne Lauben wirken nostalgisch, wenn sie gut in die Umgebung eingebettet sind.

Der Kleingarten als Kreativgarten

Innovativ und viel fotografiert: die »Holzschachtel-Laube« aus der Bundesgartenschau 2005 in München. In knalligen Farben erregten die »Schachteln« die Aufmerksamkeit der Besucher.

Reduzierte Ästhetik für Feingeister – Blick in eine »Holzschachtel-Laube« mit Gartenstuhl und Holzskulptur. Innen sind die Wände der »Schachtel« klassisch mit Nut- und Federbrettern verkleidet (unten).

Ein Raumwunder ist die Nutzgarten-Laube von der BUGA 2005 in München: die äußerlich unscheinbare, ausklappbare Gartenlaube im geschlossenen Zustand (oben) … und aufgeklappt (unten). Geöffnet erweist sie sich als Raumwunder und als Wohnzimmer mit Gartenanschluss.

Kreative Gartenlauben   133

Lauben war die zweckdienliche, multifunktional nutzbare Aufteilung. Ein flexibles Regalsystem trennt den Aufenthalts- vom Abstellbereich. Der Aufenthaltsraum lässt sich durch zwei große Türen wie ein Wandschrank vollständig zur vorgelagerten Terrasse hin öffnen und ermöglicht einen grandiosen Blick in den Garten. Wird die Laube nicht genutzt, kann sie allseitig durch Klappläden verschlossen werden und steht dann geheimnisvoll wie ein modernes Kunstwerk im Garten.

Ökogarten-Laube (→ siehe Abb. ganz links): Diese Laube ist eine »Schachtel« aus Holzverbund-Platten mit schräg nach innen geklappten Wänden. Für die Planer war die Beziehung zwischen Grünfläche und Bauvolumen wichtig. Durch die unterschiedlichen geometrischen Ausformungen der Wandseiten entstehen frei nutzbare Zonen: Sie laden ein zum Verweilen und Sitzen, können als Lager für Gartengeräte genutzt werden, als Stellplatz für die Regentonne oder werden mit Kletterpflanzen begrünt. Die leuchtende Farbbehandlung nimmt das Farbenspiel der Blumen auf und schafft Individualität gegenüber der Nachbarschaft.

Kreativgarten-Laube (→ siehe Abb. S. 131 oben rechts): Diese Laube besteht aus drei Einzelmodulen: einem Aufenthaltsraum, einem Lagerraum und einer Loggia (= überdachter Freisitz). Diese Module können wie in einem Baukasten zu unterschiedlichen Haustypen zusammengesetzt werden: länglich-rechteckig oder im Winkel. Konstruktion und Fassade aus naturbelassenem Lärchenholz bestimmen das Erscheinungsbild und vermitteln einen heiteren, beschwingten, südländischen Eindruck.

Wo geht es hin?

Experimentelle Projekte wie die BUGA-Anlage zeigen: Es gibt wunderbare Entwicklungsmöglichkeiten für das Thema Kleingartengestaltung und Kleingartenlaube. Die neuen Ideen werden meist von denjenigen eingebracht, welche die Vereine so dringend brauchen: von den jungen Pächtern. Das eine hängt also mit dem anderen zusammen. Wer neue Gartenideen zulässt, gewinnt junge Pächter und wer junge Pächter hat, der bekommt neue Gartenideen. So einfach ist das Ganze!

Es gibt auch keine Alternative: Die neuen Kleingartenanlagen werden nicht wie die alten sein, weil die jungen Leute nicht wie die alten sind. Sicher aber ist, dass das Kleingartenwesen eine Zukunft hat, weil die Grundidee gut und weil sie wandlungsfähig ist. Man muss diese Wandlung nur zulassen und nicht nur zulassen, sondern auch fördern.

Trends für die Zukunft gibt es genügend; es wird zu einer weiteren Individualisierung der Ideen kommen. Am Horizont sehen wir Folgendes aufscheinen: Garten-Cocooning (= das Sich-Zurückziehen in die eigene Gartenwelt), Themengärten (z. B. der weiße Garten, der mediterrane Garten), ethnische Gärten, Generationengärten, soziale Gärten, Gemeinschaftsgärten, Gesundheitsgärten, futuristische Gärten usw. Die Lauben dazu müssen wunderbar sein! Wie man sieht: Es bleibt spannend!

Futuristisch: Könnte so die Gartenlaube von Morgen aussehen? Eine gewagte Vision, und dennoch: Das Thema »Lauben« ist unerschöpflich und jede Zeit bringt die passenden Interpretationen hervor.

Seit 1993 bewirtschaften **Martha und Paul Englmaier** ihren Kleingarten – eine kreative Spielwiese. Die alte Steinlaube ist weiß-blau gestrichen, Windspiele bewegen sich und alles Mögliche wird mit Pflanzen aufgepeppt – so wurde jede Ecke des Gartens liebevoll gestaltet und ergibt ein harmonisches Ganzes.

Echte Kleingärtner

Vom Winde verweht

Eigene kreative Ideen zu verwirklichen – im Kleingarten ist dies möglich. Es werden lauschige Ecken geschaffen, mit Farbe und Form gespielt und Figürliches eingebunden. Was geschaffen wird, kann sich sehen lassen.

Der Kleingarten der Familie Englmaier gleicht einem Blütenmeer. Cosmeen, Fuchsschwanz, Königskerzen, Fingerhut und Malven blühen um die Wette und wiegen sich sanft im Wind. Frau Englmaier liebt es, »wenn etwas im Wind spielt«. Aus diesem Grunde hängen CDs an seidenen Fäden, Papierwindspiele zieren die Laube und am wunderschönen Apfelbaum hängen Gefäße mit Hauswurz. Für das Wasserbecken zauberte Herr Englmaier ein Rankgerüst und nun dürfen Geranien ihren Charme versprühen. Im ganzen Garten ist die Liebe zum Detail zu spüren.

Die alte Laube hat Familie Englmaier weiß gestrichen und Fenster und Türen in dezentem Blau umrahmt. Die gemütliche Eckbank unter dem Freisitz ist der Lieblingsplatz von Herrn Englmaier: Von dort aus lassen sich die Vögel am besten beobachten – Buntspechte, Gartenrotschwanz, Meisen und Amseln kommen regelmäßig vorbei. Die nostalgische Laube wird jedes Jahr von einjährigen Kletterpflanzen berankt. Ob Schwarzäugige Susanne, Wicken oder Prunkwinde – alle zieht Frau Englmaier selbst heran und anschließend entfalten sie in Töpfen ihre Schönheit.

Frau Englmaier nimmt von vielen Pflanzen die eigenen Samen. Ende September werden beispielsweise die reifen Samenstände von Cosmeen geerntet und in Filtertüten aufbewahrt. Im April werden diese im Tomatenhaus ausgesät. Auch Fuchsschwanz, Ringelblumen, Königskerzen, Akelei,

Mit Hauswurz *(Sempervivum)* können Sie viele Behälter liebevoll bepflanzen: Zudem ist Hauswurz mehrjährig, vermehrt sich leicht und bleibt im Winter grün.

Fingerhut, Malven und Mohn dürfen sich selbst ausbreiten oder werden samenreif geerntet und im nächsten Jahr wieder ausgesät. Dahlien und Geranien pflanzt Frau Englmaier am liebsten in Gefäße, damit sie diese später flexibel aufstellen und wieder verändern kann.

Aber nicht nur Blumen wachsen üppig, auch der Apfelbaum in der Mitte des Gartens zeigt seine volle Pracht. Es ist ein alter Hochstamm, dessen ausladende Äste viel Schatten spenden. Dahinter wachsen unermüdlich Stangenbohnen in die Höhe. Bei näherem Hinsehen zeigt sich die bewährte Sorte 'Blauhilde' mit ihren blauen Hülsen. Sie werden für die Wintermonate eingefroren. Gegenüber gedeihen riesige Kürbisse auf drei Kompostbehältern. Dort fühlt sich das nährstoffliebende Gemüse wohl. Die Kürbisse werden wohl nicht mehr lange auf ihre Ernte warten müssen.

Wie im Märchen

Der Kleingarten von Frau Weimann wirkt fast ein wenig zauberhaft mit den vielen Feen, Elfen und Engeln, die als Figuren den Garten zieren. Teils verwittert und schon von Patina überzogen, finden die weiß-grauen Figuren mit Buchs und schlichten Blumen passende Begleiter, ohne aufdringlich zu wirken. Vor allem Buchs taucht oft im Garten auf, z. B. in Einzelstellung oder als Formgehölz (z. B. Herzform). Frau Weimann lässt sich vom Bauerngarten inspirieren und so wachsen alte Bauernpfingstrosen, verschiedene Taglilien, Phlox, Katzenminze und Fette Henne auf den Staudenbeeten. Filigran wirken die weißen langen Blütenstände der Septembersilberkerze (Cimicifuga ramosa) 'Atropurpurea' und ziehen von Weitem die Blicke auf sich.

Fast ein wenig neidisch kann man werden, wenn man die Prachtexemplare der Weikis (Actinidia arguta, Bayernkiwi) – der kleinen, frostharten »Kiwi-Schwester« – betrachtet. Damit Weikis Früchte tragen, hat Frau Weimann sowohl weibliche als auch männliche Pflanzen gesetzt und der Erfolg ist sichtbar: Viele kleine stachelbeergroße Kiwis stehen zum Ernten bereit. Am besten schmecken sie frisch geerntet – mit dem Überschuss wurden Marmelade und Gelee zubereitet.

Hilde Weimann ist seit 25 Jahren Kleingärtnerin mit Leib und Seele. In ihrem kleinen Reich finden Skulpturen wie Engel eine passende Umgebung. Inspiriert wird Frau Weimann vom klassischen Bauerngarten und so finden wir Pfingstrosen, Phlox oder Taglilien.

Stichwortverzeichnis

A

Abstandsvorschriften 17
ADR-Prüfsiegel 118
ADR-Rosen 118
Aerifizieren 129
Algen im Teich 71
Anbauplanung 27, 37, 80f.
Apfelbaum 22, 101
Apfelbeere 85
Architektonischer Garten 103
Ätherische Öle 87
Aussaat 41
Aussaaterde 41
Ausstattung 57

B

Babykost, selbst gemacht 52
Bakterienkrankheit 85
Bartnelke 127
Basilikum 89
Bauen mit Holz 74
Bauerngarten 29
Bauliche Anlage 17
Bebauungsplan 54
Beerenobst 50
Beerensorten 51
Beerensträucher 27, 29, 63, 65, 67,
   101, 103, 105
Beetrosen 119
Beikräuter 90
Beinwell 91
Beläge
– Arten 72
– Flächen 34
– mit Fugen 74
– Materialien 72
–, naturnahe 72
Bereitstellung von Ersatzland 14
Betonkantensteine 35
Betonpflaster 27
Betonplatten 72, 103
Bewertungsrichtlinien 18
Bienenfreund 37
Birnenhochstamm 27

Birnenspalier 63
Bitterstoffe 87
Blauregen 114
Blumenwiese 83, 92
– anlegen 93
– ansäen 93
Boden 36
–, Lehm- 36
– mit hohem Sandanteil 36
– mit hohem Tonanteil 36
– schützen 36
Bodendeckerrosen 118
Bohnen 27, 65, 135
Brauchtum 108
Brennnessel 90f.
Brombeere 50
Bronzefenchel 89
Brunnen 27, 29, 63, 65, 67, 103,
   105, 107
Buchseinfassung 29
Bundeskleingartengesetz 14, 54
Bundesverband Deutscher Garten-
   freunde e.V. 11, 140
Buschbohnen 43

C

Christrose 125
Clematis 114
Comfrey 91

D

Dachbegrünung 94
Dauerkleingartenanlage 14
Dill 87
Düngung 18

E

Edelrosen 118
Einfassungen 35
Einfrieren 52, 88
Einjährige 86, 126
Einlagern 53
Eisheilige 43
Engelwurz 89
Englische Rasenkamille 89
Entwässerung von Belägen 33
Erdbeere 50
Erdmandel 44

Erste Hilfe bei kranken Bäumen 82
Etagenzwiebel 44

F

Fahne 109
Farbanstrich 75
Felsenbirne 84
Feng-Shui 105
Feuchtbiotop 67
Feuerbohne 43, 65
Figuren 108
Fingerstrauch 117
Flachdach 57
Flagge 109
Flavonoide 87
Fleischtomaten 23
Folgekulturen 82
Folienteich 70
Forsythie 117
Frischkompost 39
Frostgare 36
Frostschutzschicht 33
Frostschutzvlies 41
Frostspanner 82
Fruchtfolge 37, 80
Fruchtmumie 83
Frühbeet 27, 63
Frühbeetkasten 40, 53
Fundament 113

G

Gartenboden 36
Gartendekoration 106
Garteneingang 106
Gartenlaube 17, 27, 29, 54, 63, 65,
   67, 94, 101, 103, 105
–, kreative 130
Gartenmelde 44
Gartenmohn 125
Gartenordnung 14, 16, 114
Gartenplan 26, 28, 62, 64, 66, 100,
   102, 104
Gartenschlauch 31
Gartenteich 18, 70f.
Gartenübergabe 18
Gartenzwerg 110
Gazanie 127
Gebäudeschutz, konstruktiver 57

Stichwortverzeichnis 137

Gebrauchtes 109
Gehölze 17
– pflanzen 116
– schneiden 116
Gelbe Rüben 42
Gemeinnützig 15
Gemeinschaftsarbeit 10, 17
Gemüse 40
– Arten 80
– einlagern 52
– mittelzehrend 39
–, pflegeleicht 44
–, schwachzehrend 39
–, starkzehrend 39
–, unbekannte Arten 44
– verwerten 52
Gemüsebeet 27, 29, 63, 65, 67,
    101, 103
Gemüsespirale 105
Gerbstoffe 87
Gesetzliche Vorgaben 54
Gewächshaus 27
Gewürzkräuter 87
Gewürzsalbei 89
Giersch 90
Gießen 30
Gießkanne 31
Giftkräuter 87
Glykoside 87
Goji-Beere 85
Gründüngung 36, 37, 81, 82
Gründüngungspflanzen 37
Grünkohl 43
Guter Heinrich 45

H

Haftung, Gartenteich 18
Halbstamm 46
Halbsträucher 86
Hängematte 65
Hauswurz 134
Hecke, niedrige 67
Heckenberberitze 117
Heckenkirsche 114
Heidelbeere 50
Heilkräuter 87
Herbstanemone 125

Herbstaster 125
Himbeere 27, 50, 101
Historische Laube 94
Hochbeet 27, 76
– bauen 77
Hochstamm 46
Holz 74
Holzbelag 35
Holzblockbauweise 57
Hölzer, heimische 75, 94
Holzschutz 75
Holzständerbau 57
Hortensie 117
Hügelbeet 63, 65, 76
– bauen 76
Humus 36

I

Insektenschutznetz 43, 79
Integration 20

J

Japanische Weinbeere 50
Johannisbeere 50
–, Rote 51
–, Schwarze 51
–, Weiße 51

K

Kalkbruchsteine 67
Katzenkopfpflaster 65, 73
Kies 105
Kieselsäureverbindungen 87
Kiesfläche 103
Kiesweg 27, 29, 63
Kinder 12
Kirschbaum 65
Kleingartenpachtvertrag 14
Kleingärtnerische Nutzung
    17
Klettergehölze 112
Kletterpflanzen 114
Kletterrosen 114, 119
Klinker 67
Klinkerbelag 35
Kohlrabi 42
Kompost 27, 29, 36, 38, 63, 65, 67,
    101, 103, 105

Kompostbehälter 39
Kompostplatz 39
Kornelkirsche 85
Kosten 9
Krankheiten 78
Kräuter 27, 29, 63, 67, 86, 101,
    103, 105
– zum Trocknen 86
–, Gestalten mit 87
Kräuterbüschel 88
Kräuterspirale 87
Kreativgarten-Laube 133
Kreuzblütler 37, 42
Küchenkräuter 87
Küchenschelle 122
Kuhschelle 122
Kündigung 14
Kündigungsentschädigung 14
Kunstwerk 105
Kürbis 53, 97
Kürbiscremesuppe 97

L

Lagerung 52
– von Gemüse 52
Laube
– bauen 56
– planen 54
–, zeitgemäße 130
Lauben-Fenster 57
Lauben-Fundament 57
Lauben-Gestaltung 57
Lauben-Grundriss 57
Lauben-Konstruktion 57
Lauben-Möblierung 57
Laubendach 57
Laubendekoration 107
Laubgehölze, heimische 116
Lebensbereich
– Freifläche 122
– Gehölzrand 122
– Stauden 122
Lehmboden 36
Leimringe 82
Leitung Dachentwässerung 67
Licht 107
Lupine 125

M

Magerwiese 92
Maibeere 85
Maiblumenstrauch 117
Majoran 89
Mangold 22, 44
Margerite 125
Massivbau 57
Mauerbau 68
Mauerfundament 69
Mauerwerksbau 57
Migranten 9, 20
Mindestabstand 54
Mini-Kiwi 84f., 135
Minze 89
Mischkultur 81
Mispel 84, 85
Mistpackung 40
Mitgliederversammlung 15
Mittelzehrer 39, 77, 80
Möblierung 107
Moderne Lauben 133
Möhren 42
Mulch 82
Mulchfolie, schwarze 36
Mulchschicht 36
Mulchvlies 36
Mutterkraut 125

N

Naturerziehung 12
Naturgarten 96
Natürlicher Pflanzenschutz 83
Naturstein 35
Natursteinplatten 72
Neuansaat, Blumenwiese 93
Neuverpachtungen 9
Nistkasten 63, 83
Nutzgarten 29, 54
Nutzgarten-Laube 130
Nützlinge 82, 83

O

Oberflächenstruktur 72
Obst, gesundes 81
Obstarten, seltene 84
Obstbaum 46, 67, 103, 105
Obstbaum-Sorten 49

Obstgehölze
– kaufen 47
– pflanzen 47
– schneiden 48
Obsthalbstamm 29, 65
Obstspindel 63, 101, 103
Öko-Laube 94
Ökogarten-Laube 133
Ökologisches Gärtnern 65

P

Pacht 14
Pachtvertrag 14
Pächterwechsel 18
Pastinake 44
Pergola 112
Pergolenfuß 113
Pfaffenhütchen 117
Pfefferminze 87
Pfeifenstrauch 117
Pfeifenwinde 114
Pfingstrose 125
Pflanzen für die Blumenwiese 93
Pflanzenfamilie 80
Pflanzenjauche 63
Pflanzenschäden
– durch extreme Temperaturen 79
– durch niedrige Temperatur 79
Pflanzenschutz 18
Pflanzenschutzmittel 78
Pflanzschnitt 48
Pflege der Anlage 17
Phacelia 37
Phlox 125
Pilzkrankheiten 82
Plattenbelag 101
Polygonalplatten 105
Polygonalverband 34
Preiselbeeren 50
Pultdach 57

Q

Quecke 90
Quendel 89

R

Ramblerrosen 119
Rankbogen 112
Ranker 115

Rankgerüst 112
Rankgitter 106
Ranunkelstrauch 117
Rasen 27, 29, 63, 101, 103, 105, 128
– anlegen 128
– aussäen 128
– mähen 128
– pflegen 128
Rasenkrankheit 129
Rasenschnitt 36
Rasenweg 74
Regel-Saatgut-Mischung 128
Regenwassertonne 31, 63, 65
Reifekompost 39
Reisighaufen 63, 83
Resistente Sorte 46, 78
Resistenz 46
Rhizomunkräuter 90
Ringelblume 127
Rittersporn 125
Robuste Sorte 79
Rollrasen 128
Rosen 63, 85, 105, 118
– kaufen 121
– pflanzen 119
– schneiden 119
– schützen 121
Rosen-Sorten 121
Rosenbogen 29, 106
Roseneibisch 117
Rosenmelisse 89
Rosenschnitt 120
Rosmarin 89
Roter Grünkohl 'Red Bor' 42
Rückschnitt 123
Ruhe 18

S

Samenbeikräuter 90
Sand 36
Sandkasten 63
Satteldach 57
Satzung 14
Schädlinge 78
Schafgarbe 125
Scheinquitte 85

Stichwortverzeichnis 139

Schilder 109
Schlanke Spindel 48
Schleimstoffe 87
Schlingpflanzen 115
Schneckenzaun 79
Schnitt 48
– Beetrosen 120
– Kletterrosen 120
– Strauchrosen 120
– Wildrosen 120
Schreber, Moritz 12
Schwachzehrer 39, 77, 80
Schwarze Apfelbeere 84
Schwertlilie 125
Sekundäre Pflanzenstoffe 87
Selbstklimmer 115
Septembersilberkerze 135
Sitzbank 29, 105
Sitzplätze 35
Skulpturen 108
Sommeraster, einjährige 127
Sommerblumen 27, 126
Sommerschnitt 49
Spalier 65, 112
Spätgemüse 53
Spierstrauch 117
Spinat 42
Spindelbusch 46, 49
Spindelobst 27
Spreizklimmer 115
Stachelbeere 50
Stangenbohnen 43, 135
Starkzehrer 39, 77, 80
Stauden 27, 29, 63, 65, 67, 101, 103,
    105, 122
– auswählen 122
– pflegen 123
– teilen 124
– verjüngen 124
Staudenbeet 122
– anlegen 123
Steinhaufen 83
Steiniges 109
Steinwall 69
Stockrose 127
Strahlengriffel 114

Strauchrosen 29, 119
Symbolträchtiges 108

T

Tag des Gartens 11
Tagetes 127
Teich 31, 63, 65, 67, 70, 105
–, Tiere im 71
Teichform 71
Teichpflanzen 71
Teichzonen 71
Terrasse 27, 29, 32, 63, 65, 67, 101,
    103, 105
Thymian 86, 89
Tierschutz 18
Tolerante Sorte 78
Tomate 23, 43, 97
Topinambur 44
Toskanische Palmkohl 'Nero di
    Toskana' 42f.
Totholz 13, 63
Tragschicht 33
Tränendes Herz 125
Trockenmauer 63, 65, 67
Trockenmauerbau 68
Trockenmauer-Pflanzen 69
Trocknen 88
Trocknungsapparate 88
Trompetenblume 114
Tröpfchen-Bewässerungssysteme 31

U

Umweltschutz 18
Unkraut 90
Unterlage 46

V

Veilchen 127
Vereinshaus 10
Vereinsleben 9
Vereinssatzung 15
Vertikutieren 129
Vogelmiere 90, 91
Vorbeugender Pflanzenschutz 78
Vorstand 15

W

Wahlen 15
Waldrebe 114

Wasser 30
– speichern 31
Wasserbecken 30, 101, 107
Wassergebundene Wegedecke 67, 73
Wasserpflanzen 71
Wasseruhr 30
Wege 32
– bauen 33
– planen 32
–, naturnahe 72
Wegeaufbau 33
Wegebelag 34
Wegeentwässerung 33
Weidentipi 65
Wein 114
Weinspalier 27, 105
Werkzeuge, Wegebau 34
Wicke 126
Widerstandsfähigkeit 78
Wildblumenwiese 63, 65, 67, 92, 105
Wilder Wein 114
Wildkräuter 86, 90
Wildobst 29, 67, 84, 103, 105
Wildrosen 84, 85
Wimpel 109
Windspiel 105
Winterheckenzwiebel 44
Winterjasmin 114
Winterportulak 45
Wurzelunkräuter 90

Z

Zierapfel 85
Ziergehölze 103, 105, 116
–, kleine 103
Ziergehölzschnitt 117
Zierjohannisbeere 117
Zierquitte 85
Ziersträucher 27, 101
Zinnie 127
Zisterne 31
Zitronenverbene 89
Zusammenleben 21
Zweijährige 126
Zwischenpachtvertrag 15

Adressen, die Ihnen weiterhelfen

Das Kleingartenwesen auf Bundes- und Landesebene:

Bundesverband Deutscher Gartenfreunde e. V.
Platanenallee 37
14050 Berlin
Tel.: 0 30 / 30 20 71-40
www.kleingarten-bund.de

Landesverband Sachsen der Kleingärtner e.V.
Loschwitzer Str. 42
01309 Dresden
Tel.: 03 51 / 2 68 31 10
www.lsk-kleingarten.de

Landesverband Berlin der Gartenfreunde e.V.
Spandauer Damm 274
14052 Berlin
Tel.: 0 30 / 30 09 32-0
www.gartenfreunde-berlin.de

Landesverband Brandenburg der Gartenfreunde e.V.
Ricarda-Huch-Str. 2, 1. OG
14480 Potsdam
Tel.: 03 31 / 70 89 25
www.gartenfreunde-lv-brandenburg.de

Landesverband der Gartenfreunde Mecklenburg und Vorpommern e.V.
Mühlenweg 8
18198 Stäbelow
Tel.: 03 82 07 / 66 50
www.gartenfreunde-mv.de

Landesbund der Gartenfreunde in Hamburg e.V.
Fuhlsbütteler Str. 790
22337 Hamburg
Tel.: 0 40 / 5 00 56 40
www.kleingarten-hh.de

Landesverband Schleswig-Holstein der Gartenfreunde e.V.
Thiensen 16
25373 Ellerhoop
Tel.: 0 41 20 / 7 06 83 60
www.kleingarten-sh.de

Landesverband der Gartenfreunde Ostfriesland e. V.
Hermann-Allmers-Str. 46
26721 Emden
Tel.: 0 49 21 / 99 49 48
E-Mail: landesverband.d.garten-freunde@ewetel.net

Landesverband der Gartenfreunde Bremen e.V.
Johann-Friedrich-Walte-Str. 2
28357 Bremen
Tel.: 04 21 / 50 55 03
www.gartenfreunde-bremen.de

Landesverband Niedersächsischer Gartenfreunde e.V.
Grethe-Jürgens-Str. 7
30655 Hannover
Tel.: 05 11 / 6 96 89 77
www.gartenfreunde.de /niedersachsen.de

Landesverband Braunschweig der Gartenfreunde e.V.
Berliner Str. 54 D
38104 Braunschweig
Tel.: 05 31 / 37 33 21
www.gartenfreunde-braunschweig.de

Landesverband der Gartenfreunde Sachsen-Anhalt e.V.
Akazienstr. 1A
39126 Magdeburg
Tel.: 03 91 / 8 19 57-15 und -16
www.gartenfreunde-sachsen-anhalt.de

Landesverband Rheinland der Kleingärtner e.V.
Sternstraße 42
40479 Düsseldorf
Tel.: 02 11 / 30 20 64-0
www.gartenfreunde-rheinland.de

Landesverband Westfalen und Lippe der Gartenfreunde e.V.
Breiter Weg 23
44532 Lünen
Tel.: 0 23 06 / 94 29 40
www.kleingarten.de

Landesverband Hessen der Kleingärtner e.V.
Feldscheidenstr. 2-4
60435 Frankfurt
Tel.: 0 69 / 5 48 25 52
www.kleingarten-hessen.de

Landesverband Saarland der Kleingärtner e.V.
Schönbachstraße 96
66564 Ottweiler-Lautenbach
Tel.: 0 68 58 / 90 06 22
www.landesverband-saarland-der-klein-gaertner.de

Landesverband der Gartenfreunde Baden-Württemberg e.V.
Heigelinstr. 15
70567 Stuttgart
Tel.: 07 11 / 7 15 53 06
www.landesverbabnd-bw.de

Verband der Kleingärtner Baden-Württemberg e.V.
Schwetzinger Str. 119
76139 Karlsruhe
Tel.: 07 21 / 35 28 8-0
www.vkbw.de

Landesverband Rheinland-Pfalz der Kleingärtner e.V.
Danziger Platz 4
76829 Landau
Tel.: 0 63 41 / 5 18 83
www.lrp-kleingaertner.de

Landesverband Bayerischer Kleingärtner e.V.
Steiermarkstraße 41
81241 München
Tel.: 0 89 / 56 88 83
www.l-b-k.de

Landesverband Thüringen der Gartenfreunde e.V.
Riethstr. 33/68
99089 Erfurt
Tel.: 03 61 / 6 43 88 76
www.gartenfreunde-thueringen.home-page.t-online.de/

Das Kleingartenwesen auf europäischer Ebene:

Office International du Coin de Terre et des Jardins Familiaux a. s. b. l.
20, Rue de Bragance
L–1255 Luxembourg
Tel.: +3 52 / 45 32 31
www.jardins-familiaux.org

Interessante Adressen im Gartenbereich:

Gartenakademien in Baden-Württemberg, Bayern, Hessen, Niedersachsen, Mecklenburg-Vorpommern, Rheinland-Pfalz, Saarland und Sachsen beraten unabhängig, kompetent und neutral im Bereich des Freizeitgartenbaus
www.gartenakademien.de

Verein zur Erhaltung der Nutzpflanzenvielfalt e.V.
Uhlandstraße 57
45468 Mühlheim an der Ruhr
Tel.: 02 08 / 74 04 99 25
www.nutzpflanzenvielfalt.de

Forschungsanstalt Geisenheim
Von-Lade-Straße 1
65366 Geisenheim
Tel.: 0 67 22 / 5 02-0
www.fa-gm.de

Staatliche Forschungsanstalt für Gartenbau Weihenstephan
Am Staudengarten 8
85354 Freising
www.hswt.de/fgw

Gesellschaft der Staudenfreunde e.V.
www.gds-staudenfreunde.de

Bund deutscher Staudengärtner
www.stauden.de

Bodenuntersuchung
LUFA Speyer
Obere Landgasse 40
67346 Speyer
Tel.: 0 62 32 / 13 6-0
www.lufa-speyer.de

Österreich

Arche Noah
Gesellschaft zur Erhaltung der Kulturpflanzenvielfalt und deren Entwicklung
Obere Straße 40
A–3553 Schloss Schiltern
Tel.: +43 (0) 27 34/86 26
www.arche-noah.at

Schweiz

ProSpecieRara
Hauptsitz
Pfrundweg 14
CH–5000 Aarau
Tel.: +4 (0) 6 28 32 08 20
www.prospecierara.ch

Bezugsquellen

Bezugsquellen und Interessantes zum Thema Stauden und Zwiebelpflanzen:

Viele Zierpflanzengärtnereien führen nur ein eingeschränktes bzw. ein Standard-Sortiment. Wer spezielle Sorten sucht, muss sie direkt in einer Staudengärtnerei oder in einem großen Gartencenter kaufen oder nach Katalog bestellen.

Foerster-Stauden GmbH
Am Raubfang 6
14469 Fotsdam-Bornim
Tel.: 03 31 / 52 02 94
www.foerster-stauden.de

Staudengärtnerei Arends Maubach
Monschaustraße 76
42369 Wuppertal
Tel.: 02 02 / 46 46 10
www.arends-maubach.de

Staudengärtnerei Gräfin von Zeppelin
Weinstraße 2
79295 Sulzburg-Laufen / Baden
Tel.: 0 76 34 / 6 97 16
www.graefin-v-zeppelin.com

Staudengärtnerei Gaissmayer
Jungviehweide 3
89257 Illertissen,
Tel.: 0 73 03 / 72 58
www.gaissmayer.de

Zwiebelpflanzen
Firma OHG Albrecht Hoch
Potsdamer Str. 40
14163 Berlin
Tel.: 0 30 / 8 02 62 51
www.alberthoch.de

Zwiebelgarten
Waldstetter Gasse 4
73505 Schwäbisch Gmünd
Tel.: 0 71 71 / 92 87 12
www.zwiebelgarten.de

Der Blumenzwiebelversand
Bernd Schober
Stätzlinger Straße 94a
86165 Augsburg
Tel.: 08 21 / 72 98 95 00
www.der-blumenzwiebelversand.de

Gemüse-Saatgut und Ähnliches

Carl Sperling & Co. GmbH
Neuer Weg 21
06484 Quedlingburg
Tel.: 03 37 01 / 3 38 98 90
www.sperli.de

Dreschflegel Saatgut
In der Aue 31
37213 Witzenhausen
Tel.: 0 55 42 / 50 27 44
www.dreschflegel-saatgut.de

VEN Verein zur Erhaltung der Nutzpflanzenvielfalt e. V.
Ursula Reinhard
Sandbachstr. 5
38162 Schandelah

Gärtner Pötschke
Beuthener Straße 4
41561 Kaarst
Tel.: 0 18 05 / 86 11 00
www.poetschke.de

Bio-Saatgut
Ferme de Sainte Marthe
Eulengasse 2
55288 Armsheim
Tel.: 0 67 34 / 91 55 80
www.bio-saatgut.de

Kiepenkerl Kunden-Service
Im Weidboden 12
57629 Norken
Tel.: 0 26 61 / 9 40 52 84
www.kiepenkerl.de

Bingenheimer Saatgut AG
Kronstraße 24
61209 Echzell-Bingenheim
Tel.: 0 60 35 / 18 99-0
www.bingenheimersaatgut.de

Magic Garden Seeds
Andreas Fái-Pozsár
Regerstr. 3
93053 Regensburg
Tel.: 09 41 / 56 95 54 38
www.magicgardenseeds.de

Wolfgang Nixdorfs Versandhandel
Aschhausenstraße 77
97922 Lauda
Tel.: 0 93 43 / 34 65
www.garten-wn.de

Kräuter

Rühlemann's Kräuter & Duftpflanzen
Auf dem Berg 2
27367 Horstedt
Tel.: 0 42 88 / 92 85 58
www.ruehlemanns.de

Staudengärtnerei Gaissmayer
Jungviehweide 3
89257 Illertissen
Tel.: 0 73 03 / 72 58
www.gaissmayer.de

Rosen

Rosarot Pflanzenversand
Gerd Hartung
Besenbek 4 b
25335 Raa-Besenbek
Tel.: 0 41 21 / 42 38 84
www.rosenversand24.de

Kordes Rosen
Rosenstraße 54
25365 Klein Offenseth-Sparrieshoop
Tel.: 0 41 21 / 4 87 00
www.kordes-rosen.com

Rosen Tantau Vertrieb GmbH & Co. KG
Tornescher Weg 13
25436 Uetersen
Tel.: 0 41 22 / 70 84
www.rosentantau.com

BKN Strobel GmbH & Co
Pinneberger Str. 238
25488 Holm
Tel.: 0 41 03 / 12 12-0
www.bkn.de

Noack Rosen
Baum- und Rosenschulen
Im Waterkamp
33334 Gütersloh
Tel.: 0 52 41 / 2 01 87
www.noack-rosen.de

Obst

Gartenbaumschule BdB e.V.
Dieker Straße 68
42781 Haan
Tel.: 0 21 29 / 93 21-0
www.gartenbaumschulen.com

Artus Group Gesellschaft für Obstneuheiten mbH
GEVO Gesellschaft für Erwerb und Vertrieb von Obstgehölzneuheiten mbH
Alte Karlsruher Str. 8
76227 Karlsruhe
Tel.: 07 21 / 94 48 07
www.artus-group.de
www.gevo.info

Bayerisches Obstzentrum
Am Süßbach 1
85399 Hallbergmoos
Tel.: 08 11 / 99 67 93 23
www.obstzentrum.de

Haeberli Fruchtpflanzen AG Stocken
CH–9315 Neukirch-Egnach
Tel.: +41 (0) 71 / 4 74 70 80
www.haeberli-beeren.ch

Ziergehölze

Bund deutscher Baumschulen (BdB) e.V.
Bismarckstraße 49
25421 Pinneberg
Tel.: 0 41 01 / 20 59-0
www.bund-deutscher-baumschulen.de

Baumschule Horstmann GmbH
Bergstraße 5
25582 Hohenaspen
Tel.: 0 48 93 / 37 68 90
www.baumschule-horstmann.de

Bruns Pflanzenexport
Johann-Bruns-Allee 1
26160 Bad Zwischenahn
Tel.: 0 44 03 / 6 01-0
www.bruns.de

Baumschulen Lappen
Herrenpfad 14
41334 Nettetal
Tel.: 0 21 57 / 81 80
www.lappen.de

Wörlein GmbH Pflanzenvertrieb
Baumschulweg 9
86911 Dießen am Ammersee
Tel.: 0 88 07 / 92 10-0
www.woerlein.de

Weitere Bezugsquellen finden Sie unter:
www.bio-gaertner.de

Literatur

Mainczyk, L.: **Bundeskleingartengesetz.** Praktiker-Kommentar mit ergänzenden Vorschriften; rehm Verlag, 2006

Berling, R. et al.: **Das große BLV Handbuch Garten;** BLV Verlag, 2010

Griegel, A.: **Mein gesunder Obstgarten; Mein gesunder Gemüsegarten; Mein gesunder Ziergarten.** Griegel Verlag, 2010

Kreuter, M.-L.: **Der Biogarten.** BLV Verlag, 2000

Nixdorf, W.: **Das Gemüsegarten Handbuch.** Eigenverlag, 2008

Beier, H. E. et al.: **Lehr-Taschenbuch für den Garten-, Landschafts- und Sportplatzbau.** Verlag Eugen Ulmer, 2007

Institut für Bodenkunde und Pflanzenernährung, Staatliche Versuchsanstalt für Gartenbau, FH Weihenstephan: **Leitfaden für die Kompostierung im Garten.** Freising, 1999

Kaminer, W.: **Mein Leben als Schrebergärtner.** Goldmann Verlag, 2009

Die Autoren

Die Diplom-Ingenieurin **Angelika Feiner** studierte Gartenbauwissenschaften an der TU München/Weihenstephan. Seit dem Jahr 2000 ist sie beim Landesverband Bayerischer Kleingärtner e.V. angestellt und arbeitet als Landesfachberaterin für den Verband. Zudem erstellt sie regelmäßig fachliche Gutachten, hält Vorträge und hat somit ihr Hobby zum Beruf gemacht.

Der Diplom-Ingenieur **Martin Rist** ist seit 1998 Geschäftsführer des Landesverbands Bayerischer Kleingärtner e.V. Er studierte an der Fachhochschule Weihenstephan Landschaftsarchitektur und arbeitet seit vielen Jahren als Landschaftsarchitekt BDLA und Stadtplaner u.a. war er Projektleiter für die bayerischen Landesgartenschauen in Amberg und Neumarkt.

Die beiden in Bayern gebürtigen Autoren sind durch ihre Tätigkeit im Kleingartenwesen fest verwurzelt. Sie sind ständig im Austausch mit Fachleuten und Mitgliedern der Kleingartenvereine und somit direkt am Puls der Kleingärtner. Die Erkenntnisse und Praxiserfahrung ihrer jahrelangen Tätigkeit in der Gartenbau- und Landschaftsarchitektur-Szene flossen ebenso in das Buch ein wie die Leidenschaft, mit denen beide ihren grünen Berufen nachgehen.

Die Fotografen

Die Fotos stammen von den beiden **Autoren** sowie von **Elisa Scheibl**. Sie studierte Landschaftsarchitektur an der FH Weihenstephan und arbeitet seit 2000 als Angestellte in einem Landschaftsarchitekturbüro. Ihr Interesse an der Fotografie setzt sie bereits seit Jahren erfolgreich um und ist gern unterwegs auf der Jagd nach interessanten Garten- und Gestaltungsmotiven. Seit 2005 fotografiert sie z.B. die Titelmotive für die Verbandszeitung »Bayerischer Kleingärtner«.

Nur folgende Fotos stammen von anderen Fotografen:

Fath Bethel: Seite 53
Franz Rösl: Seite 9, 13, 84 re.
Getty/Maria Teijeiro: Seite 6/7
Helmut Törner: Seite 22
Dr. Peter Schwalb: Seite 52, 111
Thomas Wagner, BDG: Seite 11 re., 20, 21 li., 25 re.
Stadtverband Neu-Ulm e.V.: Seite 56 (alle)

Übrigens: Alle Motive wurden in »echten« Kleingartenanlagen in ganz Deutschland sowie in Mustergärten auf Gartenschauen fotografiert.

Impressum

Bibliografische Information der Deutschen Nationalbibliothek

Die Deutsche Nationalbibliothek verzeichnet diese Publikation in der Deutschen Nationalbibliografie; detaillierte bibliografische Daten sind im Internet über http://dnb.d-nb.de abrufbar.

BLV Buchverlag GmbH & Co. KG

80797 München

© 2011 BLV Buchverlag GmbH & Co. KG, München

Das Werk einschließlich aller seiner Teile ist urheberrechtlich geschützt. Jede Verwertung außerhalb der engen Grenzen des Urheberrechtsgesetzes ist ohne Zustimmung des Verlags unzulässig und strafbar. Das gilt insbesondere für Vervielfältigungen, Übersetzungen, Mikroverfilmungen und die Einspeicherung und Verarbeitung in elektronischen Systemen.

Bildnachweis: siehe »Die Fotografen«

Grafiken: Seite 26, 28, 62, 64, 66, 100, 102 und 104: Claudia Schick
Seite 77, 116, 120: Angelika Feiner
Seite 71, 95: Martin Rist

Umschlagfotos:

Vorderseite: Alamy/Cultura/Nick Daly

Rückseite: Getty/Maria Teijeiro

Umschlaggestaltung: Kochan & Partner, München

Lektorat: Dr. Thomas Hagen

Redaktion: Schreibergarten Judith Starck

Herstellung: Ruth Bost

Satz und Layout: griesbeckdesign, München

Gedruckt auf chlorfrei gebleichtem Papier

Printed in Germany

ISBN 978-3-8354-0755-8

Das motivierende Praxisbuch:
selbst anbauen, ernten und verwerten

Elke von Radziewsky/Fotos: Jürgen Holzenleuchter
Der Selbstversorger-Garten
Das umfassende Grundlagenbuch, das Lust aufs Landleben macht · Gemüse, Obst, Kräuter und Blumen selbst anbauen, Vorratshaltung, Tiere halten · Mit interessanten und unterhaltsamen Hintergrund-Reportagen über erfahrene Nutzgarten-Spezialisten.
ISBN 978-3-8354-0754-1